PRZYCHODZI PLATON *do* DOKTORA

Thomas Cathcart
Daniel Klein

PRZYCHODZI
PLATON
do
DOKTORA

Filozofia w żartach

Tłumaczył
Krzysztof Puławski

MEDIA RODZINA

Tytuł oryginału
Plato and a Platypus Walk into a Bar...
Understanding Philosophy Through Jokes

Text copyright © 2007 Thomas Cathcart and Daniel Klein

Illustration credits:
© The New Yorker Collection 2000 / Bruce Eric Kaplan / cartoonbank.com: pg 22;
© Andy McKay / www.CartoonStock.com: pg 38;
© Mike Baldwin / www.CartoonStock.com: pgs 97, 111;
© The New Yorker Collection 2000 / Matthew Diffee / cartoonbank.com: pg 130;
© The New Yorker Collection 2000 / Leo Cullum / cartoonbank.com: pg 144;
© Merrily Harpur / Punch Ltd: pg 167;
© Andy McKay / www.CartoonStock.com: pg 182.

Author photo: Bill Hughes and Stefan Billups
Designer: Brady McNamara
First published in the English language in 2006 by Abrams Image,
an imprint of Harry N. Abrams, Inc.
All rights reserved in all countries by Harry N. Abrams, Inc.

Copyright © 2009 for the Polish edition by Media Rodzina

Projekt okładki i wyklejki oraz skład
Jacek Pietrzyński

Przy projektowaniu wykorzystano następujące zdjęcia:
zdjęcie Platona © The Art Archive/Corbis
zdjęcia książek © iStockphoto.com/iSebastian/volk65/bibikoff

Wszelkie prawa zastrzeżone. Przedruk lub kopiowanie całości albo fragmentów
książki – z wyjątkiem cytatów w artykułach i przeglądach krytycznych –
możliwe jest tylko na podstawie pisemnej zgody wydawcy.

ISBN 978-83-7278-389-9

Harbor Point Sp. z o.o.
Media Rodzina
ul. Pasieka 24, 61-657 Poznań
tel. 61 827 08 60, faks 61 827 08 66
www.mediarodzina.com.pl
mediarodzina@mediarodzina.com.pl

Druk i oprawa
Poznańskie Zakłady Graficzne

Pamięci naszego filozoficznego poprzednika,

GROUCHO MARKSA,

który tak streścił podstawy naszej ideologii:

„Oto moje zasady, jeśli wam się nie podobają, mam też inne".

Filożarty

Wstęp

Dimitri: Jeśli to Atlas podtrzymuje świat, to kto podtrzymuje Atlasa?
Tasso: Atlas stoi na grzbiecie żółwia.
Dimitri: A na czym stoi żółw?
Tasso: Na innym żółwiu.
Dimitri: A ten żółw?
Tasso: Mój drogi, tam w dole są same żółwie!

Ten fragment dialogu dwóch Greków stanowi doskonałą ilustrację filozoficznego pojęcia regresji w nieskończoność, które pojawia się, gdy pytamy o Pierwszą Przyczynę: życia, wszechświata, czasu i przestrzeni, a przede wszystkim Stwórcy. Coś musiało stworzyć Stwórcę, więc łańcuch przyczynowo-skutkowy nie kończy się wraz z jednym żółwiem czy Stwórcą. Przed nim musi być poprzedni. A potem jeszcze jeden. Tam w dole – lub w górze, jeśli ten kierunek wydaje nam się bardziej odpowiedni – są sami Stwórcy.

> Jeśli uznamy, że pojęcie regresji w nieskończoność do niczego nas nie prowadzi, mamy też do wyboru doktrynę *creatio ex nihilo*, stworzenia z niczego, czyli – jak zauważył to w nieco innym kontekście John Lennon: „Przed Elvisem nic nie istniało".

Ale wsłuchajmy się ponownie w słowa Tassa. Jego replika („Tam w dole są same żółwie!") jest nie tylko pouczająca, ale ma też w sobie coś z dobrej puenty żartu.

Nie powinno to nas dziwić. Zarówno żarty, jak i filozoficzne koncepcje mają podobną budowę z wyraźnie podkreśloną końcówką. Podobnie też oddziałują na umysł. Dzieje się tak dlatego, że filozofia i żarty wynikają z tego samego impulsu – by zaskoczyć i podważyć nasze zaufanie do zwykłego porządku rzeczy, wywrócić nasz świat do góry nogami i odnaleźć ukryte, często niewygodne prawdy na temat życia. To, co filozofowie uważają za dogłębne zrozumienie problemu, żartowniś nazwie po prostu „c e l n ą u w a g ą".

Zastanówmy się na przykład nad znanym dowcipem. Na pierwszy rzut oka wydaje się on uroczo głupawy, ale po głębszym zbadaniu okazuje się, że dotyczy problemu stanowiącego podstawę brytyjskiej filozofii empirycznej, a mianowicie tego, na jakich informacjach możemy oprzeć naszą wiedzę na temat świata.

Po powrocie do domu Morty zastaje swoją żonę i najlepszego przyjaciela Lou nagich w łóżku. Już otwiera usta, ale wtedy Lou wyskakuje z łóżka i rzuca:

– Zanim coś powiesz, stary, zastanów się, czy bardziej ufasz mnie, czy swoim oczom?

Lou podaje w ten sposób w wątpliwość nadrzędność zmysłowych doświadczeń i jednocześnie pyta, które informacje są pewne i dlaczego. Czy jeden rodzaj poznania (tutaj: zobaczenie czegoś na własne oczy) jest lepszy od innego, czyli uwierzenia w opis rzeczywistości podany przez Lou?

Oto jeszcze jeden przykład filożartu – echo argumentu z analogii – który mówi, że jeśli mamy do czynienia z dwoma takimi samymi wynikami, to muszą one mieć podobną przyczynę:

> Do lekarza przychodzi dziewięćdziesięcioletni starzec i powiada:
> – Panie doktorze, moja osiemnastoletnia żona spodziewa się dziecka.
> – Opowiem panu historię – mówi na to lekarz. – Pewien człowiek wybrał się na polowanie, ale zamiast strzelby wziął przez pomyłkę parasol. Kiedy nagle zaatakował go niedźwiedź, mężczyzna podniósł parasol, strzelił i zabił zwierza.
> – To niemożliwe! – rzuca starzec. – Musiał go zabić ktoś inny.
> – Właśnie o tym mówię! – dodaje lekarz.

Trudno znaleźć lepszą ilustrację dla argumentu z analogii. Jest to filozoficzny wybieg, który stosuje się obecnie często (i błędnie), by przekonać do inteligentnego projektu (to znaczy, że jeśli istnieje gałka oczna, to musi też istnieć jakiś jej niebiański projektant).

Takie przykłady można mnożyć, co zresztą zamierzamy zrobić, przechodząc od agnostycyzmu do buddyzmu zen, od hermeneutyki do wieczności. Pragniemy pokazać, jak można wyjaśniać filozoficzne koncepcje poprzez żarty i to, że żarty zawierają ważne filozoficzne przesłanie. Ale zaraz, czy to na pewno to samo? Czy możemy wrócić nieco później do tej sprawy?

Jeżeli studenci decydują się na zajęcia z filozofii, mają zwykle nadzieję, że zrozumieją znaczenie tego wszystkiego, co ich otacza, a tymczasem staje przed nimi jakiś rozczochrany facet w źle dobranym garniturze i zaczyna mówić o znaczeniu „znaczenia".

– Zacznijmy od początku – mówi. – Zanim odpowiemy na jakiekolwiek pytanie, musimy ustalić, co oznacza ono samo.

Słuchamy więc niechętnie, by wkrótce odkryć, że to, co ten gość ma do powiedzenia, jest przewrotne i interesujące.

Taka właśnie jest filozofia i tacy są sami filozofowie. Pytania rodzą pytania, a te z kolei dalsze pytania. T a m s ą s a m e p y t a n i a.

Możemy zacząć od zupełnie podstawowych, na przykład: „Jakie jest znaczenie tego wszystkiego, co nas otacza?", „Czy Bóg istnieje?", „Jak mam być wierny sobie?" albo „Czy zapisałem się na właściwe zajęcia?", ale wkrótce przekonamy się, że musimy zadać kolejne pytania, by móc odpowiedzieć na te pierwsze. Z tego powodu powstało wiele dziedzin filozoficznych, z których każda zajmuje się jakimś Wielkim Pytaniem, zadając pytania, które mają pomóc w odpowiedzi na to Wielkie. Czy są jeszcze jakieś pytania?

Jeśli więc pytamy o znaczenie wszystkiego, co nas otacza, to mamy do czynienia z metafizyką; jeśli o istnienie Boga, to interesuje nas filozofia religii; jeśli o to, jak być wiernym sobie, to zainteresuje nas egzystencjalizm; a jeśli o to, czy zapisaliśmy się na właściwe zajęcia, to nowa dziedzina filozofii nazwana metafilozofią, która próbuje odpowiedzieć na pytanie: „Czym jest filozofia?".

I tak dalej – kolejne dziedziny będą zajmować się kolejnymi pytaniami i koncepcjami.

Przy pisaniu tej książki nie kierowaliśmy się chronologią, ale właśnie pytaniami, z którymi weszliśmy na pierwsze zajęcia z filozofii, a także dziedzinami, które się nimi zajmowały. Najfajniejsze jest jednak to, że towarzyszy im cała masa dowcipów. (Czysty przypadek? A może istnieje jednak coś takiego jak inteligentny projekt?). Dlaczego jest to takie fajne? Otóż po tych pierwszych zajęciach, z których wyszliśmy zdezorientowani i lekko przerażeni, z przekonaniem, że nigdy nie zrozumiemy tego, o co w tym wszystkim chodzi, podszedł do nas student z ostatniego roku i opowiedział dowcip o Mortym i jego przyjacielu.

– I to jest właśnie filozofia! – oznajmił.

A my mówimy na to filożarty.

Thomas Cathcart
Daniel Klein
sierpień 2006 roku

{1}
Metafizyka

Metafizyka zajmuje się następującymi Wielkimi Pytaniami: Czym jest istnienie? Jaka jest natura rzeczywistości? Czy mamy wolną wolę? Ile aniołów może tańczyć na łepku szpilki? Ile osób trzeba, by zmienić żarówkę?

DIMITRI: Ostatnio męczy mnie pewna rzecz, Tasso.
TASSO: Co takiego?
DIMITRI: Jakie jest znaczenie tego wszystkiego, co mnie otacza?
TASSO: A czego konkretnie?
DIMITRI: No wiesz, życia, śmierci, miłości – całego tego świata.
TASSO: A skąd przypuszczenie, że cokolwiek ma jakieś znaczenie?
DIMITRI: No bo musi. Inaczej życie byłoby...
TASSO: No czym?
DIMITRI: Chyba napiję się *ouzo*.

Teleologia

Czy wszechświat ma jakiś cel?

Według Arystotelesa wszystko ma *telos*, wewnętrzny cel, który należy osiągnąć. Celem żołędzia jest dąb. Tym właśnie „powinien być" żołądź. Swoje cele mają też ptaki i pszczoły. Powiadają, że w Bostonie ma go nawet fasola*. Taka właśnie jest struktura rzeczywistości.

Jeżeli wydaje się to nieco abstrakcyjne, pani Goldstein celnie tłumaczy, czym jest *telos*.

> Pani Goldstein szła z dwójką wnuków ulicą. W pewnym momencie zatrzymała ją znajoma i spytała, ile mają lat.
> – Lekarz pięć, a prawnik siedem – odparła pani Goldstein.

Czy życie ludzkie ma swój *telos*?

Arystoteles uważał, że tak i że celem ludzkiego życia jest szczęście, co potem przez wieki roztrząsali kolejni filozofowie. Siedem wieków później święty Augustyn uważał, że celem ludzkiego życia jest miłość do Boga. Dwudziestowieczni egzystencjaliści, tacy jak Martin Heidegger, uważali, że ludzki *telos* polega na akceptacji ludzkiej kondycji, a zwłaszcza śmierci. Szczęście? Jakie to płytkie!

Dowcipy na temat sensu ludzkiego życia mnożyły się tak jak koncepcje dotyczące tego sensu, a także filozofowie, którzy zajmowali się tym problemem.

> Pewien poszukiwacz prawdy dowiedział się, że najsłynniejszy hinduski guru żyje na szczycie najwyższej góry

---

* Boston nazywany jest miastem fasoli. (Przypisy pochodzą od tłumacza).

w Indiach. Niezrażony wyrusza tam z Delhi. Góra jest bardzo stroma i skalista, więc wiele razy podczas wspinaczki upada. Mimo licznych obrażeń udaje mu się w końcu dotrzeć na szczyt, gdzie przed jaskinią siedzi guru w pozycji kwiatu lotosu.

– O, najmędrszy – odzywa się poszukiwacz prawdy – przybyłem tu, by spytać cię o tajemnicę życia.

– A, tak – odpowiada guru. – Życie to filiżanka herbaty.

– Jak to filiżanka herbaty? To ja tyle wycierpiałem, by się tu dostać, a ty mi teraz mówisz, że życie to filiżanka herbaty?

Guru wzrusza ramionami.

– Dobrze, więc może nie filiżanka herbaty.

Guru chce przez to powiedzieć, że określenie *telos* życia to bardzo trudna sprawa. I że nie każdy może czerpać z krynicy wiedzy.

Istnieje różnica między *telos* naszego życia (tym, do czego j e s t e ś m y przeznaczeni) a naszymi celami w życiu (czym p r a g n i e m y zostać). Czy na przykład dentysta z poniższej historyjki naprawdę szuka *telos* życia, czy po prostu robi swoje? Jego matka najwyraźniej wie lepiej, na czym powinien polegać jego *telos*.

Sam Lipschitz, dentysta z Filadelfii, wybrał się do Indii, by odnaleźć sens życia. Mijały miesiące, a jego matka nie dostała od niego żadnej wiadomości. W końcu poleciała do Indii i spytała, gdzie może spotkać najmądrzejszego z mądrych. Skierowano ją do aszramu, gdzie strażnik powiedział jej, że będzie musiała czekać tydzień na spotkanie z guru, a potem będzie mogła powiedzieć tylko trzy słowa. Czekała więc, rozmyślając nad tym, co powiedzieć. Kiedy w końcu

zaprowadzono ją do guru, rzekła do niego:
– Wracaj do domu!

Jeśli sprawdzimy słowo metafizyka w słowniku, okaże się, że pochodzi ono od traktatu Arystotelesa, w którym zajmował się on rzeczami spoza (*meta*) sfery naukowego poznania. Jest to jednak przykład tego, co po łacinie nazywa się *post hoc hokum*. Arystoteles nie nazwał bowiem swego traktatu „Metafizyka" i nie zastanawiał się nad tym, czy mówi o rzeczach pozanaukowych. Tytuł pochodzi od wydawcy jego dzieł zebranych z pierwszego wieku naszej ery, a ten wybrał go, ponieważ ten traktat następował po pracy Arystotelesa na temat fizyki.

Esencjalizm

Jaka jest struktura rzeczywistości? Jakie cechy powodują, że rzeczy są takie, a nie inne? Lub, jak ujmują to filozofowie: „Jakie cechy powodują, że rzeczy nie są tym, czym są w rzeczywistości?".

Arystoteles wprowadził rozróżnienie na właściwości e s e n c j a l n e (istotne) i a k c y d e n t a l n e (przypadkowe). Jego zdaniem bez tych pierwszych dana rzecz nie byłaby tym, czym jest, te drugie zaś określają to, j a k a jest ta rzecz, ale nie mówią o tym, c z y m ona jest. Na przykład, Arystoteles uważał, że człowiek jest z natury racjonalny, a skoro Sokrates był człowiekiem, racjonalność stanowiła istotę jego bycia Sokratesem. Bez tej właściwości, jaką jest racjonalność,

Sokrates po prostu nie byłby Sokratesem. Nie byłby nawet człowiekiem, więc jakby mógł być Sokratesem? Z drugiej strony, Arystoteles uważał, że Sokrates tylko przypadkowo miał zadarty nos; jego nos wskazywał na to, jaki jest, ale nie na to, kim jest Sokrates. Inaczej mówiąc, jeśli zabierzemy Sokratesowi jego racjonalność, przestanie on być Sokratesem, ale jeśli poddamy go operacji plastycznej, pozostanie Sokratesem, tyle że z prostym nosem. To przypomina nam pewien dowcip.

> Kiedy Thompson skończył siedemdziesiąt lat, postanowił zupełnie zmienić styl życia, by je przedłużyć. Przeszedł na ścisłą dietę, zaczął biegać, pływać i się opalać. W ciągu trzech miesięcy schudł piętnaście kilogramów, zgubił w talii ponad dziesięć centymetrów, za to jego klatka piersiowa stała się szersza i bardziej umięśniona. Szczupły i opalony wybrał się jeszcze na zakończenie do fryzjera. Kiedy jednak wyszedł od niego z nową fryzurą, wpadł pod przejeżdżający autobus.
> Umierając na ulicy, zawołał:
> – Boże, jak mogłeś mi to zrobić?!
> Na co odpowiedział mu głos z niebios:
> – Prawdę mówiąc, Thompson, po prostu cię nie poznałem.

Biedak zmienił niektóre ze swoich przypadkowych cech, chociaż my wciąż postrzegamy go jako Thompsona. Podobnie zresztą jak on sam. Inaczej dowcip wcale nie byłby śmieszny. Jak na ironię, jedyną postacią, która n i e rozpoznaje Thompsona w tym żarcie, jest sam Bóg, który jest przecież wszechwiedzący.

Różnicę między istotnymi a przypadkowymi właściwościami ilustrują inne dowcipy z tego nurtu.

Mosze: Mam dla ciebie zagadkę, Icek. Co to jest: zielone, wisi na ścianie i gwiżdże?
Icek: Nie mam pojęcia.
Mosze: Śledź.
Icek: Ale śledzie nie są zielone.
Mosze: Przecież można je pomalować.
Icek: I nie wiszą na ścianie.
Mosze: Wystarczy je zaczepić na gwoździu.
Icek: Ale śledź nie gwiżdże!
Mosze: No i co z tego?

Poniższa wersja być może nie zdobędzie większego poklasku szerszej publiczności, ale może wzbudzić zainteresowanie, jeśli opowiemy ją na konferencji filozoficznej.

Mosze: Która rzecz X ma właściwości takie, jak: zielonость, bycie zawieszonym i gwizdanie?
Icek: Nie znam niczego, co pasowałoby do tego opisu.
Mosze: Śledź.
Icek: Zieloność nie jest właściwością śledzia.
Mosze: Nie stanowi to jego **istoty**, ale może być **przypadkowo** zielony, prawda? Spróbuj go pomalować, a sam zobaczysz.
Icek: Ale śledź nie jest z natury zawieszony.
Mosze: Ale można go przypadkowo przybić do ściany.
Icek: Jak można przypadkowo przybić śledzia do ściany?
Mosze: Zaufaj mi. Wszystko jest możliwe. Na tym właśnie polega filozofia.
Icek: No dobrze, ale śledź przecież nie gwiżdże. Nawet przypadkowo.
Mosze: Dobra, więc podaj mnie za to do sądu.

Icek i Mosze zwracają się w stronę zgromadzonych na konferencji filozofów. Wszyscy milczą.

Icek: Co to jest? Zebranie stoików? Hej, Nietzsche miał większy odzew, kiedy występował w Watykanie.

Czasami jakaś rzecz ma właściwości, które na pierwszy rzut oka wydają się przypadkowe, ale okazują się takie jedynie w pewnych granicach. Ilustruje to poniższy dowcip.

– **Dlaczego słoń jest duży, szary i pomarszczony?**
– **Bo gdyby był mały, biały i gładki, to byłby aspiryną.**

Możemy sobie jednak wyobrazić niedużego słonia, o którym będziemy mówili: „mały słoń". Możemy nawet wyobrazić sobie, że jest brązowawy i mówić o nim: „brązowawy słoń". A słoń bez zmarszczek byłby takim „bezzmarszczkowym słoniem". Innymi słowy, „dużość, szarość i zmarszczkowość" nie spełniają Arystotelesowskiego kryterium cech istotnych. Mówią raczej o tym, co ogólne i przypadkowe w wypadku słoni. Jednak, jak pokazuje ten dowcip, nie do końca. Coś, co jest małe, białe i gładkie jak aspiryna, nie może być słoniem i jeśli zobaczymy coś takiego, to raczej nie zapytamy: „Czy to, co zażywasz, Bob, jest aspiryną czy może nietypowym słoniem?".

Chodzi o to, że „dużość, szarość i zmarszczkowość" nie są dostatecznie precyzyjnymi terminami, by za ich pomocą określić istotę słonia. Poza innymi cechami, chodzi tu również o pewien z a k r e s wielkości i koloru, by móc określić, czy coś jest lub nie jest słoniem. Zmarszczki mogą tu stanowić zmyłkę, tak jak w przypadku gwiżdżącego śledzia.

Racjonalizm

A teraz z innej beczki – pewna szkoła metafizyczna, dzięki której powstały całe tomy satyrycznych tekstów, i to bez najmniejszej pomocy z naszej strony. Mamy tu tylko jeden problem – żaden z dowcipów nie trafia w sedno sprawy.

Kiedy siedemnastowieczny racjonalista Gottfried Wilhelm Leibniz obwieścił, że „Żyjemy w najlepszym z możliwych światów", stał się przedmiotem okrutnych żartów. Zaczęły się one już w następnym wieku od *Kandyda*, bardzo zabawnej powieści Woltera o dobrodusznym młodzieńcu (Kandydzie) i jego mentorze-filozofie, doktorze Panglossie (który stanowił portret samego Leibniza). W czasie swoich podróży Kandyd cierpi niewinnie karę chłosty, jest świadkiem niesprawiedliwej egzekucji, epidemii, a także trzęsienia ziemi w Lizbonie w 1755 roku, które zrównało z ziemią całe miasto. Nic jednak nie jest w stanie zachwiać przekonaniem doktora Panglossa, że „Wszystko jest najlepsze na tym najlepszym z możliwych światów". Kiedy Kandyd chce ocalić holenderskiego anabaptystę Jakuba, Pangloss powstrzymuje go, tłumacząc, że Zatoka Lizbońska specjalnie została uformowana w ten sposób, „by mógł się w niej utopić anabaptysta".

Dwa wieki później, w 1956 roku, Leonard Bernstein napisał musical *Kandyd*, który jeszcze wyolbrzymił ten żart. Najbardziej znana piosenka z tego przedstawienia, zatytułowana *Najlepszy z możliwych światów*, mówi słowami librecisty Richarda Wilbura o tym, że wojna jest ukrytym błogosławieństwem, ponieważ łączy nas wszystkich, gdy stajemy się jej ofiarami. Oczywiście śpiewa ją Pangloss z innymi członkami obsady.

Dołączyli do tego jeszcze Terry Southern i Mason Hoffenberg ze swoją rubaszną wersją tej historii, zatytułowaną *Candy*. Opowiada ona o naiwnej dziewczynie, którą wykorzystują wszyscy napotkani mężczyźni, a ona mimo to pozostaje niewinna i pełna optymizmu. Na jej podstawie powstał w 1964 roku film z gwiazdorską obsadą, w którym wystąpił też znany filozof Ringo Starr.

Bardzo to wszystko śmieszne, ale niestety błędne, jeśli idzie o tezę Leibniza. Był on bowiem racjonalistą, co w filozoficznym żargonie oznacza człowieka, który uważa, że rozsądek jest najlepszym sposobem zdobywania wiedzy (w przeciwieństwie do na przykład empirysty, który podkreśla znaczenie zmysłów w tym procesie). Leibniz doszedł do przekonania, że nasz świat jest najlepszym z możliwych, opierając się właśnie na rozsądku, w następujący sposób:

1. Gdyby Bóg nie zdecydował się go stworzyć, świata w ogóle by nie było.
2. „Zasada wystarczającego powodu" mówi o tym, że jeśli jest więcej niż jedno wyjście, musi też istnieć wyjaśnienie, dlaczego mamy do czynienia z tym, a nie czymś innym.
3. W przypadku, kiedy mamy do czynienia z Bogiem, który stworzył określony świat, wyjaśnienia trzeba szukać w atrybutach samego Boga, ponieważ przed stworzeniem świata nic poza Nim nie istniało.

„Głupio przyznać, ale to wszystko, co się dzieje,
dzieje się bez żadnego ważnego powodu".

Leibniz popada w inną skrajność w odróżnieniu od Boga pokazanego na rysunku obok (którego nie należy mylić z Bogiem tam w górze). Jako racjonalista nie mógł się zadowolić tym, że wszystko po prostu się dzieje i że mogłoby się też wydarzyć coś zupełnie innego. Uważał, że musi istnieć powód, który czyni określoną sytuację konieczną. Dlaczego częściej pada w Seattle niż w Albuquerque? Ponieważ warunki A, B i C powodują, że nie może być odwrotnie. Myślę, że wszyscy możemy się z nim tu zgodzić, zwłaszcza ci, którzy mieszkają w Seattle. Jednak Leibniz posuwa się dalej i twierdzi, że nawet te wstępne warunki (A, B i C) nie mogły być inne. A także te przed nimi. I wcześniejsze. I jeszcze wcześniejsze, aż do końca. To właśnie określił mianem „zasady wystarczającego powodu", co znaczy tyle, że powodem tego, że coś jest jakieś w tej chwili, jest to, że nie może być inne. Wszechświat, w którym w Seattle nie lałoby jak z cebra, ze wszystkimi warunkami, które do tego prowadziły, nie byłby po prostu wszechświatem. Powstałby chaos – wszystko byłoby „wszech", a nic „światem".

4. Ponieważ Bóg jest jednocześnie wszechmocny i moralnie doskonały, musiał więc stworzyć n a j l e p s z y możliwy świat. Jeśli się nad tym zastanowimy, w tych warunkach było to j e d y n y możliwy świat. Ponieważ Bóg jest wszechmocny i moralnie doskonały, nie mógł stworzyć świata, który nie byłby najlepszy.

Wolter, Bernstein i inni, a także Southern i Hoffenberg wyśmiewają to, co ich zdaniem myślał Leibniz: „Wszystko idzie naprawdę świetnie". Jednak Leibniz nie przeczył temu, że na świecie istnieje zło. Uważał tylko, że gdyby Bóg stworzył inny świat, tego zła byłoby jeszcze więcej.

Na szczęście znamy parę dowcipów, które – w przeciwieństwie do wcześniejszych – wyjaśniają pewne aspekty filozofii Leibniza.

Optymista uważa, że żyjemy w najlepszym z możliwych światów. Pesymista obawia się, że tak może być w istocie.

Ten dowcip zakłada, że optymista pochwala ten najlepszy ze światów, a pesymista nie. Z racjonalistycznej perspektywy Leibniza ten świat jest po prostu taki, jaki jest. Żart ukazuje nam oczywistą prawdę, że pesymizm i optymizm to tylko ludzkie postawy, które mają niewiele wspólnego z neutralnym i racjonalnym opisem świata, którego dokonał Leibniz.

Optymista mówi, że szklanka jest do połowy pełna.
Pesymista mówi, że szklanka jest do połowy pusta.
Racjonalista mówi, że szklanka jest o połowę za duża.

Od nas zaś zależy wybór szklanki.

Nieskończoność i wieczność

Okazuje się, że niezależnie od tego, czy ten świat jest najlepszy z możliwych czy nie, pojawiamy się na nim tylko z krótką wizytą. Ale krótka w porównaniu z czym? Nieograniczoną liczbą lat?

Idea nieskończoności wprawiała filozofów w zakłopotanie, cóż… od zawsze. Jednak w mniejszym stopniu interesowała nie-metafizyków.

> Dwie krowy stoją na pastwisku. Jedna odwraca się do drugiej i mówi:
> – Chociaż „pi" skraca się zwykle do pięciu cyfr, to jednak jest ono nieskończenie długie.
> A druga na to:
> – Muu.

Kolejny dowcip łączy ideę nieskończoności z innym błędnym filozoficznym pojęciem, a mianowicie względnością.

> Lekarz powiedział pewnej kobiecie, że zostało jej sześć miesięcy życia.
> – Czy mogę coś na to zaradzić? – spytała.
> – Tak – odparł. – Może pani poślubić urzędnika z urzędu skarbowego.
> – Ale jak to pomoże na moją chorobę? – zdziwiła się kobieta.
> – Och, wcale – odrzekł lekarz. – Ale wtedy te miesiące wydadzą się pani prawdziwą wiecznością!

Ten dowcip porusza ważną filozoficzną kwestię: „Jak coś skończonego, na przykład sześć miesięcy, można porównywać z czymś nieskończonym, takim jak wieczność?". Ci, którzy zadają takie pytanie, nigdy nie mieli partnera z urzędu skarbowego.

Determinizm a wolna wola

Czy żyjąc tu i teraz, mamy jakąś kontrolę nad swoją przyszłością?

W ciągu wieków filozofowie zużyli wiele litrów atramentu, zastanawiając się, czy ludzie mogą decydować i działać podług własnej woli, czy też wszystkie nasze decyzje i czyny są uwarunkowane zewnętrznymi czynnikami, takimi jak geny, środowisko, historia, los czy Microsoft.

Greccy tragicy podkreślali wpływ charakteru postaci wraz z jego nieuniknionymi wadami na rozwój kolejnych wypadków.

Kiedy zapytano żyjącego w dwudziestym wieku pisarza Isaaca Bashevisa Singera, czy wierzy w wolną wolę, odparł ironicznie: „Nie mam innego wyjścia". (Tak twierdziło też wielu filozofów, i to bez cienia ironii. Mówili oni, że musimy założyć istnienie wolnej woli, bo inaczej nie będziemy mieli podstaw do tego, by wierzyć w naszą moralną odpowiedzialność. Nasze moralne wybory przestaną być nasze.)

Ostatnio pomysł, że jesteśmy zdeterminowani przez siły od nas niezależne, do tego stopnia naruszył tkankę odpowiedzialności moralnej, że mamy coś takiego jak „obrona Twinkie", która pozwala oskarżonemu stwierdzić, że popełnił morderstwo z powodu cukru w batoniku o tej nazwie. Przypomina to znane powiedzenie: „Diabeł mnie do tego podkusił", tyle że ubrane w odpowiedni psychologiczny żargon.

Z drugiej strony mamy też determinstów, którzy mówią: „To Bóg sprawił, że tak zrobiłem. Prawdę mówiąc, Bóg określił to wszystko, co się dzieje we wszechświecie". Tego rodzaju teologiczny determinizm prezentował siedemnastowieczny żydowsko-holenderski filozof Baruch Spinoza, a także osiemnastowieczny amerykański teolog Jonathan Edwards. Zapewne orzeł, żaba i kierowca ciężarówki z poniższej historyjki uważali, że działają, korzystając z wolnej woli.

Mojżesz, Jezus i starzec z brodą grają w golfa. Mojżesz oddaje długie uderzenie i piłka ląduje na *fairway*, ale toczy się w kierunku sadzawki. Mojżesz unosi swój kij golfowy, wody się rozstępują i piłka może przetoczyć się swobodnie na drugą stronę.

Jezus również uderza mocno w stronę tej samej sadzawki, ale skierowana tam piłka zawisa nad jej powierzchnią. Jezus przechodzi swobodnie po wodzie i wybija piłkę na *green*.

Brodaty starzec wybija swoją piłkę przez ogrodzenie na ulicę, gdzie odbija się ona od przejeżdżającej ciężarówki i wraca na *fairway*. Toczy się dalej w kierunku sadzawki, ale wpada na liść. Siedząca obok żaba chwyta piłkę i chce ją połknąć, ale w tym momencie żabę łapie orzeł, który następnie wzbija się nad pole golfowe. Żaba wypuszcza piłeczkę, a ta ląduje prosto w dołku.

Mojżesz obraca się do Jezusa i mówi:
– Nie znoszę grać z twoim starym.

Filozofia procesów

To musiało się stać – w końcu pojawił się filozof, który rozzłościł się na pojęcie Boga, który we wszystkim macza palce. Dwudziestowieczny filozof Alfred North Whitehead twierdził, że Bóg nie tylko nie może determinować przyszłości – ale że to przyszłość zdeterminuje Jego. Według poglądów Whiteheada Bóg nie jest ani wszechmocny, ani wszechwiedzący, ale zmienia się wraz z kolejnymi wydarzeniami. Albo, jak mogliby powiedzieć wyznawcy New Age: „Bóg to tego, no, ewoluuje".

Alvin pracuje w swoim sklepie, kiedy nagle słyszy tubalny głos z nieba:
– Alvin, sprzedaj swój sklep!
Nie zwraca na niego uwagi, ale głos przez kilka dni powtarza:
– Alvin, sprzedaj swój sklep za trzy miliony dolarów!
Po paru tygodniach w końcu ulega i sprzedaje sklep. Teraz głos mówi:
– Alvin, jedź do Las Vegas!
Alvin pyta dlaczego, na co słyszy:
– Po prostu weź trzy miliony dolarów i jedź do Las Vegas.
Alvin w końcu robi to, co każe mu głos, i po przyjeździe do Las Vegas idzie do kasyna.
Teraz głos mówi:
– Alvin, idź do stolika, przy którym grają w blackjacka, i postaw wszystko na jedną partię.
Alvin waha się, ale w końcu ulega. Dostaje osiemnaście oczek, a rozdający ma sześć.
– Alvin, weź kartę!

– C o?! Przecież rozdający ma…
– Mówię, weź kartę!
Alvin prosi rozdającego o jeszcze jedną kartę i dostaje asa. Ma teraz dziewiętnaście oczek. Oddycha z ulgą.
– Alvin, weź jeszcze jedną kartę!
– C o?!
– WEŹ JESZCZE JEDNĄ KARTĘ!
Alvin prosi o kolejną kartę. Dostaje jeszcze jednego asa. Ma teraz dwadzieścia oczek.
– Weź jeszcze jedną kartę – mówi głos.
– Przecież mam dwadzieścia! – krzyczy Alvin.
– WEŹ JESZCZE JEDNĄ KARTĘ! – grzmi głos.
– Jeszcze jedna – mówi Alvin i dostaje kolejnego asa. Ma oko!
I wtedy rozlega się znowu potężny głos z nieba:
– O kurwa, nie do wiary!

Hm, jest coś pociągającego w Bogu, który potrafi zaskoczyć sam siebie.

Zasada oszczędności

W filozofii zawsze istniał nurt antymetafizyczny, którego kulminację w poprzednich dwóch wiekach stanowił naukowy pogląd na świat. Rudolf Carnap i członkowie Koła Wiedeńskiego (które, chociaż nazywa się po angielsku Vienna Circle, ma – wbrew obiegowym poglądom – niewiele wspólnego z popularną w latach siedemdziesiątych grupą dyskotekową o tej nazwie) posunęli się do tego, że uznali metafizykę za nieracjonalne spekulacje, które należy zastąpić nauką.

Carnap i członkowie Koła Wiedeńskiego oparli się na poglądach czternastowiecznego filozofa Williama Ockhama, który wystąpił z projektem zasady oszczędności, znanej również jako „brzytwa Ockhama". Zasada ta mówi: „Teorie nie powinny być bardziej skomplikowane niż to konieczne". Lub jak ujął to sam Ockham: teorie nie powinny „mnożyć bytów".

Wyobraźmy sobie, że Izaak Newton po ujrzeniu spadającego jabłka, wykrzyknął: „Mam! To gremliny ciągną jabłka do góry, a trolle do dołu, tyle że trolle są silniejsze".

Ockham odpowiedziałby na to: „W porządku, Izaak, twoja teoria wyjaśnia to, co można zaobserwować, ale pamiętaj też o tym, że ma być prosta".

A Carnap by się z nim zgodził.

Któregoś wieczoru po kolacji pięcioletni chłopiec spytał ojca:
– Gdzie jest mama?
– Poszła na przyjęcie Zeptera.

Ta odpowiedź zadowoliła chłopca tylko na chwilę, bo zaraz potem spytał:
– Co to za przyjęcie, tato?

Ojciec uznał, że najlepsze będzie proste wyjaśnienie.
– Cóż, przyjęcie Zeptera polega na tym, że sprzedaje się na nim garnki.

Chłopiec wybuchnął śmiechem.
– Daj spokój, tato! Powiedz, o co tak naprawdę chodzi?

Prawda na temat pokazów Zeptera jest taka, że rzeczywiście chodzi w nich o to, by sprzedać garnki zaproszonym paniom, ale metafizycy tej firmy chcieliby nas przekonać, że jest w tym coś więcej.

Dimitri: Zadaję ci jedno proste pytanie, a ty udzielasz mi dziesięciu różnych odpowiedzi. Wcale mi w ten sposób nie pomagasz.

Tasso: Jeśli potrzebujesz pomocy, idź do pracowników opieki społecznej. Słyszałem, że jest ich sporo w Sparcie.

Dimitri: Nie, chciałbym wiedzieć, która odpowiedź jest prawdziwa.

Tasso: Aa! Teraz przynajmniej wiem, o co ci chodzi.

{11}
Logika

Umysł jest bezużyteczny bez logiki.
To dzięki niej można wygrywać w dyskusjach
i zrażać do siebie tłumy.

DIMITRI: Jest tyle zwalczających się szkół filozoficznych. Jak mogę być pewny, że któraś z nich jest prawdziwa?
TASSO: A kto twierdzi, że któraś jest prawdziwa?
DIMITRI: Znowu to robisz. Dlaczego zawsze odpowiadasz na moje pytanie kolejnym pytaniem?
TASSO: Przeszkadza ci to?
DIMITRI: Nie wiem nawet, dlaczego zadałem to pytanie, bo niektóre rzeczy po prostu są prawdziwe. Choćby to, że dwa plus dwa zawsze jest cztery. I tyle.
TASSO: Skąd ta pewność?
DIMITRI: Bo jestem mądrym Ateńczykiem.
TASSO: To kolejna rzecz, którą można by zakwestionować. Ale to, że dwa plus dwa jest cztery, wynika z żelaznych praw logiki.

Prawo niesprzeczności

Tasso ma rację.

Zacznijmy od znanego dowcipu, który korzysta z logiki Arystotelesa.

> Rabin rozsądza spory w swojej wiosce. Staje przed nim Szmul i mówi:
> – Rabbi, Icek codziennie przepędza swoje owce przez moje pole i niszczy uprawy. To niesprawiedliwe!
> – Masz rację! – stwierdza rabbi.
> Z kolei zaczyna mówić Icek:
> – Ależ, rabbi, przez to pole przebiega jedyna droga do stawu. Bez tego moje owce pozdychałyby z pragnienia. Pasterze od wieków mieli prawo przepędzać tamtędy swoje owce, więc ja też będę to robił.
> – Masz rację! – mówi rabbi.
> Sprzątaczka, która słyszała tę rozmowę, zwraca się do rabina:
> – Ależ, rabbi, przecież nie mogą mieć obaj racji!
> – Masz rację – odpowiada rabbi.

Sprzątaczka poinformowała rabina, że naruszył Arystotelesowskie prawo niesprzeczności, co w jego przypadku nie jest tak wielkim grzechem jak pożądanie służącej swego sąsiada, ale jednak zbliżonym. Prawo (lub zasada) niesprzeczności mówi, że coś jednocześnie nie może być takie i nie-takie.

Rozumowanie nielogiczne

Rozumowanie nielogiczne jest wyklęte przez filozofów, ale wiadomo, że może być bardzo użyteczne. Zapewne dlatego jest tak bardzo rozpowszechnione.

Pewien Irlandczyk przyszedł do pubu w Dublinie i zamówił trzy kufle guinnessa. Wypił parę łyków z pierwszego, potem z drugiego, a następnie z trzeciego i od nowa, aż uporał się z zawartością kufli. Następnie zamówił trzy kolejne kufle.

– Wie pan, piwo byłoby lepsze, gdyby zamawiał pan kolejno po jednym kuflu – zauważył barman.

– Tak, wiem – odparł mężczyzna. – Ale mam dwóch braci, jednego w Stanach, a drugiego w Australii. Kiedy się rozstawaliśmy, obiecaliśmy sobie, że właśnie w ten sposób będziemy pili guinnessa, na pamiątkę lat, kiedy robiliśmy to razem. Dwa pierwsze kufle są dla moich braci, a trzeci dla mnie.

– Jaki wspaniały zwyczaj! – powiedział naprawdę poruszony barman.

Irlandczyk zaczął regularnie przychodzić do pubu i zawsze zamawiał piwo w ten sam sposób.

Jednak któregoś dnia zamówił dwa kufle. Zauważył to nie tylko barman, lecz również inni stali bywalcy pubu. Kiedy więc mężczyzna podszedł do baru, barman powiedział:

– Proszę przyjąć wyrazy najgłębszego współczucia.

– Nie, nie, wszystko w porządku – rzucił Irlandczyk. – Wstąpiłem po prostu do Kościoła mormonów i musiałem skończyć z alkoholem.

Taka logika jest więc bardzo użyteczna, kiedy służy nam samym.

Logika indukcyjna

Logika indukcyjna przechodzi od poszczególnych przypadków do teorii ogólnych i służy do potwierdzania naukowych teorii. Jeśli zauważysz, że kolejne jabłka spadają z drzew, dojdziesz do wniosku, że dzieje się tak zawsze i że nie lecą one w górę albo na boki. Następnie możesz sformułować teorię, która będzie obejmowała inne spadające rzeczy, chociażby gruszki. Na tym właśnie polegają postępy nauki.

Jeśli idzie o literaturę, to postacią najbardziej znaną dzięki doskonałej „dedukcji" jest Sherlock Holmes, chociaż jego metoda ma niewiele wspólnego z logiką dedukcyjną. Tak naprawdę korzysta on z logiki indukcyjnej. Najpierw poddaje wszystko uważnej obserwacji, a następnie dokonuje generalizacji, opierając się na wcześniejszych doświadczeniach i korzystając z analogii oraz z kryterium prawdopodobieństwa. Tak jak w następującej historii.

Holmes i Watson wybrali się na kemping. Holmes budzi się w środku nocy i szturcha przyjaciela.
– Watsonie, popatrz do góry i powiedz mi, co widzisz.
– Widzę miliony gwiazd, Holmesie – odpowiada Watson.
– A jaki stąd wniosek?
Watson zastanawia się przez chwilę.
– Cóż – zaczyna – jeśli idzie o astronomię, oznacza to istnienie milionów galaktyk i zapewne miliardów innych planet. Astrologia podpowiada mi, że Saturn jest w pozycji Lwa. Chronometria pozwala ustalić, że mamy mniej więcej

kwadrans po trzeciej. Meteorologia każe się domyślać, że czeka nas piękny dzień. W sensie teologicznym widzę, że Bóg jest wielki i niezmierzony, a my mali i nieważni. A co tobie mówią te gwiazdy, Holmesie?

– Że ktoś ukradł nasz namiot!

Nie wiemy dokładnie, jak Holmesowi udało się dojść do tego wniosku, ale być może ten proces wyglądał następująco:

1. Kiedy zasypiałem, miałem nad głową namiot, ale teraz widzę gwiazdy.
2. Oparta na doświadczeniach intuicja podsuwa mi roboczą hipotezę, że ktoś ukradł nasz namiot.
3. By ją zweryfikować, musimy wyeliminować następujące możliwości:
   - Namiot został na miejscu, ale ktoś wyświetla na nim obrazy gwiazd. Jest to mało prawdopodobne, zarówno jeśli biorę pod uwagę to, jak ludzie się zachowują, jak i techniczne wymagania z tym związane. W namiocie powinien przecież być jakiś projektor, którego nie widzę.
   - To wiatr zwiał namiot. Jest to mało możliwe, bo z moich doświadczeń wynika, że taki wiatr z pewnością by mnie obudził, chociaż niekoniecznie Watsona.
   - I tak dalej, i tak dalej.
4. Tak, uważam, że moja pierwsza hipoteza jest słuszna – ktoś po prostu ukradł nasz namiot.

To jest indukcja. Przez wiele lat źle nazywaliśmy tę umiejętność Holmesa.

SKOK INDUKCYJNY?

„*No bo jaki złodziej zabrałby tylko psią miskę?*"

Falsyfikowalność

Pacjent: Zeszłej nocy śniły mi się Jennifer Lopez i Angelina Jolie, z którymi kochałem się aż do rana.
Psychiatra: To jasne, ma pan głęboko zakorzenione pragnienie, by przespać się z własną matką.
Pacjent: Co?! Ależ moja matka nie jest do nich ani trochę podobna!
Psychiatra: Aha! Reakcja upozorowana! Chce pan stłumić swoje prawdziwe pragnienia.

Powyższy dialog nie jest dowcipem – tak właśnie rozumują niektórzy freudyści. Problem związany z tym rozumowaniem polega na tym, że trudno sobie wyobrazić takie argumenty, które pomogłyby odrzucić ich teorię dotyczącą kompleksu Edypa. Dwudziestowieczny filozof Karl Popper podjął krytykę logiki indukcyjnej i stwierdził, że jeśli jakaś teoria ma spełniać kryterium naukowości, to trzeba wykazać, że w niektórych okolicznościach jest fałszywa (falsyfikowalna). W powyższym pseudodowcipie freudowski terapeuta nie znalazłby żadnych takich okoliczności.

A oto prawdziwy żart, który jeszcze lepiej ilustruje to, o co chodziło Popperowi.

Dwaj mężczyźni przygotowują śniadanie. Pierwszy mówi do drugiego, smarując kromkę chleba masłem:
– Zauważyłeś, że jeśli upuścisz posmarowaną kromkę, to zawsze spada masłem do dołu?
– Nie – mówi drugi. – Pewnie tylko tak ci się wydaje, bo trzeba wtedy posprzątać i dużo z tym zamieszania. Założę się, że kromka równie często spada masłem do góry.

– Tak? Chcesz sprawdzić? To patrz – mówi pierwszy. Upuszcza kromkę, a ta spada masłem do góry.
– Widzisz, mówiłem – rzuca jego towarzysz.
– Nie, nie – odpowiada drugi. – Po prostu posmarowałem złą stronę!

Ten człowiek nie pozwoli, by jakieś dowody mogły sfalsyfikować jego teorię.

Logika dedukcyjna

Logika dedukcyjna przebiega od stwierdzenia ogólnego do szczegółowego. Najprostszy przykład rozumowania dedukcyjnego to sylogizm: „Wszyscy ludzie są śmiertelni; Sokrates jest człowiekiem; zatem Sokrates jest śmiertelny". To zadziwiające, jak często ludzie go psują, mówiąc: „Wszyscy ludzie są śmiertelni; Sokrates jest śmiertelny; zatem Sokrates jest człowiekiem", co nie wypływa logicznie z pierwotnego założenia. Równie dobrze moglibyśmy powiedzieć: „Wszyscy ludzie są śmiertelni; chomik mojego syna jest śmiertelny; zatem chomik mojego syna jest człowiekiem".

Innym sposobem błędnego rozumowania dedukcyjnego jest wyjście z fałszywych przesłanek.

Do baru wchodzi stary kowboj i zamawia drinka. Kiedy tak siedzi, sącząc whisky, przysiada się do niego młoda kobieta.
– Czy jest pan prawdziwym kowbojem? – pyta, obracając się w jego stronę.
– Cóż, całe życie mieszkałem na ranczu – zaczyna mężczyzna. – Przeganiałem konie, naprawiałem ogrodzenia i znaczyłem bydło, więc chyba jestem.

— Bo ja jestem lesbijką – mówi na to kobieta. – Przez cały dzień myślę o kobietach. Jak tylko wstanę rano, zaczynam myśleć o kobietach. Niezależnie od tego, czy biorę prysznic, czy oglądam telewizję, wszystko przypomina mi o kobietach.

Nieco później do kowboja przysiada się jakieś małżeństwo.

— Czy jest pan prawdziwym kowbojem? – pytają małżonkowie.

— Do tej pory wydawało mi się, że tak – odpowiada kowboj. – Ale teraz wychodzi na to, że jestem lesbijką.

Być może byłoby ciekawe sprawdzić, w którym miejscu swojego rozumowania kowboj popełnił błąd. Być może nie. Ale my i tak zamierzamy to zrobić.

Przy pierwszej odpowiedzi na pytanie, czy jest prawdziwym kowbojem, jego rozumowanie wyglądało następująco:

1. Jeśli ktoś przez całe życie robi rzeczy, które zwykle robi kowboj, to znaczy, że sam jest kowbojem.
2. Ja sam przez całe życie robiłem właśnie takie rzeczy.
3. Dlatego jestem prawdziwym kowbojem.

Kobieta rozumowała w następujący sposób:

1. Jeśli kobieta przez cały czas myśli o innych kobietach, to znaczy, że jest lesbijką.
2. Ja sama jestem kobietą.
3. Przez cały czas myślę o kobietach.
4. Dlatego jestem lesbijką.

Kiedy więc kowboj doszedł do tej samej konkluzji, w jego rozumowaniu zabrakło punktu drugiego: "Ja sama jestem kobietą".

Cóż, przecież nigdy nie twierdziliśmy, że filozofia jest tym samym, co żarty.

Argument indukcyjny z analogii

Nie ma to jak argument z analogii. No, może tylko unik jest lepszy. Jednym z jego zastosowań jest odpowiedź na pytanie, co lub kto stworzył wszechświat. Niektórzy twierdzili, że skoro wszechświat przypomina precyzyjny mechanizm, taki jak w zegarze, to jego stwórca musi być Zegarmistrzem. Jak zauważył brytyjski empirysta z osiemnastego wieku David Hume, jest to wątpliwa argumentacja, gdyż nie istnieje nic, co można by porównać z całym wszechświatem, chyba że inny wszechświat, więc nie powinniśmy korzystać w tym przypadku z niczego, co jest tylko częścią tego wszechświata. Poza tym, pyta Hume, dlaczego wszechświat miałby przypominać zegar, a nie na przykład kangura? W przypadku tego zwierzęcia można by przynajmniej mówić o jakichś związkach organicznych. Jednak porównanie z kangurem prowadziłoby do innych konkluzji, dotyczących pochodzenia wszechświata, a mianowicie, że urodził go inny wszechświat, który wcześniej odbył stosunek płciowy z trzecim wszechświatem. Główny problem związany z argumentem poprzez analogię polega na tym, że zakładamy, że jeśli niektóre aspekty A są podobne do B, to inne aspekty A też będą podobne do B. A przecież wcale nie musi tak być.

> Ostatnio argument związany z mechanizmem pojawił się ponownie jako idea inteligentnego projektu, według której to, że pewne rzeczy w przyrodzie są tak skomplikowane (płatki śniegu, gałki oczne, kwarki), dowodzi tego, że musi istnieć jakiś inteligentny stwórca. Kiedy rada do spraw szkolnictwa z Dover w Pensylwanii została zmuszona do rozpatrzenia wniosku, by włączyć teorię inteligentnego projektu do programu szkolnego jako alternatywną do teorii ewolucji, sędzia John Jones III stwierdził, że jej zwolennicy powinni wrócić do szkoły. W swojej często dowcipnej pisemnej opinii nie mógł się powstrzymać od wyśmiewania tak zwanych ekspertów, takich jak pewien profesor, który przyznał, że argument z analogii ma swoje wady, ale „sprawdza się w filmach science fiction". Poprosimy następnego pana…

Inny problem związany z argumentem z analogii polega na tym, że uzyskujemy zupełnie inne analogie w zależności od punktu widzenia.

Trzej studenci politechniki zastanawiają się, jaki był Bóg, który zaprojektował ludzkie ciało.
— Moim zdaniem, interesowała go głównie mechanika – powiedział pierwszy. – Spójrzcie na te wszystkie złącza, takie jak stawy.

— Nie, na pewno zajmował się przede wszystkim elektrycznością — rzekł na to drugi. — Cały system nerwowy to olbrzymia liczba elektrycznych połączeń.

Na to trzeci:

— Moim zdaniem, Bóg zajmuje się inżynierią lądową. Kto inny zaprojektowałby rurę z toksycznymi odpadami, biegnącą przez tereny rekreacyjne?

W końcu należy stwierdzić, że argumenty poprzez analogię nie są zbyt satysfakcjonujące. Nie dają one nam tej pewności, którą chcielibyśmy osiągnąć, kiedy na przykład chodzi o istnienie Boga. Nie ma nic gorszego niż zła filozoficzna analogia, pomijając oczywiście te, popełnione przez uczniów liceów. Przyjrzyjmy się na przykład „Najgorszym analogiom ze szkolnych wypracowań" z konkursu ogłoszonego przez „Washington Post":

- „Kochankowie, których rozdzielił okrutny los, pomknęli poprzez łąkę w swoją stronę jak dwa pociągi towarowe, z których jeden wyjechał z Cleveland o 18.36 i jechał z prędkością pięćdziesięciu pięciu mil na godzinę, a drugi wyjechał z Topeki o 19.47 z prędkością trzydziestu pięciu mil na godzinę".
- „John i Mary nigdy się nie spotkali. Byli jak dwa kolibry, które również nigdy się nie spotkały".
- „Łódeczka płynęła łagodnie po jeziorze dokładnie tak, jak nie zrobiłaby tego kula do kręgli".
- „Z pokoju na górze dobiegł potworny wrzask. Cała ta scena wydawała się nierzeczywista i pełna grozy, jak wtedy, gdy jesteśmy na wakacjach i nagle zaczynają nadawać nasz ulubiony program o 18.30 zamiast o 19.00".

Błąd *post hoc ergo propter hoc*

Najpierw parę słów o społecznym wykorzystaniu tego zwrotu. W niektórych kręgach, jeśli wypowiemy go z pełną powagą po łacinie, może nam zaskarbić uznanie w towarzystwie. O dziwo, działa on odwrotnie, kiedy wypowiemy go po polsku: „Po tym, a więc z tego powodu". Może to brzmi głupio, ale tak już jest.

Zwrot ten opisuje błąd, który polega na tym, że jeśli jedna rzecz następuje po drugiej, to jest też przez nią s p o w o d o w a n a. Z oczywistych powodów tego rodzaju błędne rozumowanie jest często wykorzystywane w dyskursie socjopolitycznym. Na przykład stwierdzenie, że „większość heroinistów zaczynała od marihuany" jest prawdziwe. Ale jeszcze więcej zaczynało od mleka.

W pewnych kulturach argument *post hoc* potrafi ubarwić życie ludzi: „Słońce wschodzi po pianiu koguta, więc to pianie budzi słońce. O, dzięki ci, kogucie!". Albo weźmy przykład naszej koleżanki.

> Wychodzi ona codziennie rano na werandę i wykrzykuje:
> – Niech żaden tygrys nie zagrozi temu domowi!
> A potem wraca do domu.
> W końcu powiedzieliśmy jej:
> – O co ci chodzi? Przecież najbliższe tygrysy znajdują się tysiące mil stąd.
> A ona na to:
> – Widzicie? To działa!

Liczba dowcipów *post hoc* jest wprost proporcjonalna do liczby naszych złudzeń.

Starszy Żyd ożenił się z młodą kobietą i oboje są w sobie bardzo zakochani. Jednak niezależnie od tego, jak się stara, jego żona nie może osiągnąć orgazmu. Ponieważ kobiety w kulturze żydowskiej mają prawo do seksualnej rozkoszy, oboje decydują się zwrócić ze swoim problemem do rabina. Rabbi wysłuchał ich historii, pogładził się po brodzie i mówi:

– Wynajmijcie barczystego młodzieńca. Kiedy będziecie się kochać, niech on wachluje was ręcznikiem. Dzięki temu pańska żona będzie mogła fantazjować i osiągnie orgazm.

Po powrocie do domu oboje decydują się skorzystać z rady rabina. Wynajmują przystojnego młodzieńca, a on wachluje ich ręcznikiem, kiedy się kochają. Nie pomaga to jednak i żona wciąż jest niezaspokojona.

Wracają skonsternowani do rabina, by ponownie zasięgnąć jego rady.

– Dobrze, więc teraz zróbcie odwrotnie – mówi rabin do mężczyzny. – Niech młodzieniec kocha się z pańską żoną, a pan macha ręcznikiem.

Małżonkowie ponownie idą za jego radą. Młody człowiek wchodzi do łóżka, a starszy mężczyzna zaczyna machać ręcznikiem. Po chwili kobieta doznaje kolejnych potężnych orgazmów.

Mężczyzna uśmiecha się i mówi triumfalnie do młodzieńca:

– Ha, właśnie tak trzeba machać ręcznikiem, ty głupku!

No dobrze, już ostatni dowcip *post hoc*. Obiecujemy.

Osiemdziesięcioparolatek z domu opieki idzie do pokoju starszej kobiety, która nosi seksowne różowe spodenki, i mówi:

– Mam dzisiaj urodziny!

– To świetnie! – odpowiada kobieta. – Założymy się, że potrafię powiedzieć dokładnie, ile masz lat.

– Naprawdę? W jaki sposób?

– To łatwe – mówi kobieta. – Zdejmij spodnie.

Mężczyzna zdejmuje spodnie.

– A teraz majtki.

Mężczyzna robi, co mu każe. Kobieta pieści go przez chwilę, a potem mówi:

– Osiemdziesiąt cztery!

– Skąd to wiedziałaś? – dziwi się mężczyzna.

– Sam mi wczoraj powiedziałeś – odpowiada kobieta.

Mężczyzna dał się nabrać na stary dowcip: *post hoc ergo propter hoc* albo po tym jak go pomacała, więc z tego powodu. Właśnie do tego prowadzi nas *propter*.

Ogólnie rzecz biorąc, dajemy się nabrać na *post hoc ergo propter hoc*, bo nie zauważamy, że w danym przypadku chodzi o inny powód.

Chłopak z Nowego Jorku idzie przez bagno w Luizjanie wraz ze swoim kuzynem.

– Czy to prawda, że aligatory nie atakują tych, którzy mają latarki? – pyta nowojorczyk.

– To zależy, jak szybko je niosą – odpowiada kuzyn.

Chłopak z miasta uznał latarkę za najważniejszą rzecz, kiedy tak naprawdę miała ona niewielkie znaczenie.

Błąd Monte Carlo

Hazardziści z pewnością rozpoznają ten błąd. Niektórzy zdziwią się, że jest to błąd. Może traktują go nawet jako strategię Monte Carlo. Właśnie dzięki temu mogą prosperować krupierzy.

Wiemy, że koło ruletki, w którym połowa miejsc jest czerwona, a połowa czarna, daje pięćdziesiąt procent szans na to, że zatrzyma się na czerwonych. Jeśli będziemy nim kręcić wiele razy, powiedzmy tysiąc razy, a koło nie jest specjalnie lub przypadkowo zepsute, powinno się zatrzymać średnio pięćset razy na czerwonym. Więc jeśli obrócimy koło sześć razy i sześć razy zatrzyma się na czarnym, to kusi nas, by założyć, że będziemy mieli większe szanse na wygraną, jeśli obstawimy czerwone. Za siódmym razem powinniśmy uzyskać czerwone, prawda? Nie, fałsz. W dalszym ciągu obowiązuje zasada, że mamy pięćdziesiąt procent szans na to, że koło zatrzyma się na czerwonym, i będzie ona obowiązywać przy każdej kolejnej grze, niezależnie od tego, ile razy pod rząd koło zatrzymywało się na czarnym.

Oto mądra rada oparta na błędzie Monte Carlo:

> Jeśli lecisz wraz z innymi pasażerami, weź ze sobą na wszelki wypadek bombę... ponieważ istnieje niewielka szansa, by na pokładzie samolotu były dwie osoby, które mają bomby.

Argument błędnego koła

Argument błędnego koła to taki argument, w którym dowód na coś zawiera samo to stwierdzenie. Często sam w sobie jest on dowcipem i nie potrzebuje żadnych ozdobników.

Nadeszła jesień i Indianie z rezerwatu pytali swego nowego wodza, czy czeka ich mroźna zima. Wódz wychował się jednak w nowoczesnym społeczeństwie, nie znał uświęconych tradycji i nie potrafił przepowiedzieć pogody. Na wszelki wypadek doradził więc współplemieńcom, by zebrali dużo drewna i spodziewali się ostrej zimy. Parę dni później przyszło mu też do głowy, żeby na wszelki wypadek zadzwonić do Instytutu Meteorologii i zapytać o prognozę. Dyżurny meteorolog potwierdził, że zima rzeczywiście powinna być mroźna. Wódz polecił więc swoim ludziom, by zebrali jeszcze więcej drewna.

Parę tygodni później wódz ponownie zadzwonił do Instytutu Meteorologii.

– Czy dalej wygląda na to, że zima będzie mroźna? – zapytał.

– Tak, i to bardzo – odparł dyżurny meteorolog.

Wódz kazał więc zebrać całe drewno z okolicy.

Parę tygodni później znowu zadzwonił z pytaniem o pogodę.

– Naszym zdaniem – odparł dyżurny – czeka nas zima stulecia!

– Naprawdę? Skąd pan to wie?

– Mhm. Indianie zbierają drewno na opał jak oszalali!

Rada wodza, by zebrać więcej drewna, zaowocowała tym, że wciąż zbierano go więcej i więcej. I tak w kółko. A przecież trzeba to jeszcze pociąć. Miejmy nadzieję, że przynajmniej piłą tarczową.

Błąd argumentu odwołującego się do autorytetu (*argumentum ad verecundiam*)

Argument odwołujący się do autorytetu jest ulubionym argumentem naszego szefa. Podpieranie się czyimś autorytetem w dyskusji nie jest samo w sobie błędem logicznym; opinie ekspertów są tak samo ważne jak inne dowody, które o czymś świadczą. Błędem jest dopiero uznawanie autorytetu za jedyny czynnik świadczący o naszej słuszności mimo innych dowodów, które świadczą przeciwko nam.

> Ted spotyka swojego kolegę Ala i wykrzykuje:
> – Al! Słyszałem, że nie żyjesz!
> – No proszę – mówi ze śmiechem Al. – Ale jak widzisz jestem całkiem żywy.
> – To niemożliwe – stwierdza Ted. – Facet, który mi to powiedział, jest znacznie bardziej wiarygodny od ciebie.

Jeśli idzie o argumenty odwołujące się do autorytetu, zawsze chodzi o to, kogo uznamy za ostateczny autorytet.

> Do sklepu ze zwierzętami przychodzi mężczyzna i pyta o papugi. Właściciel pokazuje mu dwie klatki.
> – Ta papuga kosztuje pięć, a tamta dziesięć tysięcy dolarów – mówi.
> – Do licha! – mówi mężczyzna. – Co potrafi ta za pięć tysięcy?
> – Umie zaśpiewać wszystkie arie Mozarta – odpowiada właściciel.
> – A ta droższa?

– Śpiewa cały cykl *Nibelungów* Wagnera – mówi właściciel. – Mam tu jeszcze papugę za trzydzieści tysięcy dolarów.

– Ojej! A co ona umie?

– O ile wiem, to nic. Ale dwie pozostałe mówią do niej: „Maestro".

Według naszych autorytetów, niektóre autorytety mają lepsze referencje niż inne. Problem pojawia się dopiero wtedy, kiedy druga strona nie chce ich zaakceptować.

Czterech rabinów zwykło się spierać w kwestiach teologicznych i trzech z nich występowało zawsze przeciwko czwartemu. Któregoś dnia ten rabin, który znowu przegrał trzy do jednego, postanowił odwołać się do wyższego autorytetu.

– O Boże! – zawołał. – W głębi swego serca wiem, że to ja mam rację, a oni się mylą. Proszę, daj mi znak, bym mógł im to udowodnić.

Był piękny, słoneczny dzień. Jednak gdy tylko rabin skończył swoją modlitwę, nad rabinami pojawiła się burzowa chmura. Zagrzmiało, a następnie chmura zniknęła.

– Widzicie? To znak od Boga! A nie mówiłem, że mam rację?!

Jednak trzej pozostali rabini zauważyli, że w ciepłe, słoneczne dni na niebie często pojawiają się burzowe chmury, które następnie znikają.

Zatem czwarty rabin zaczął się modlić:

– O Boże, potrzebuję większego znaku, by dowieść im, że to ja mam rację, a oni się mylą. Proszę Cię o taki znak!

Tym razem na niebie pojawiły się cztery burzowe chmury, które połączyły się w jedną, a następnie piorun uderzył w drzewo, które stało na pobliskim wzgórzu.

– Mówiłem wam, że mam rację! – wykrzyknął rabin, ale jego koledzy stwierdzili, że to, co się stało, mogło mieć czysto naturalne przyczyny.

Rabin zaczął się szykować do kolejnej modlitwy z prośbą o jeszcze większy znak, ale ledwo powiedział: „O Boże...", niebo stało się nagle zupełnie czarne i rozległ się z niego potężny głos:

– ON MA RAAACJĘ!

Rabin położył ręce na biodra i zwrócił się do pozostałej trójki:

– No i co?

– Nic – mruknął jeden z rabinów. – Jak na razie jest trzy do dwóch.

Paradoks Zenona

Paradoks to pozornie normalne rozumowanie, oparte na prawdziwych przesłankach, które prowadzi do wewnętrznie sprzecznej tezy albo niewątpliwie fałszywego wniosku. Jeśli ujmiemy to w nieco inny sposób, może się stać definicją żartu – a przynajmniej większości żartów z tej książki. Jest coś absurdalnego w prawdziwych argumentach, które z pomocą żelaznej logiki prowadzą do czegoś fałszywego, a to, co absurdalne, jest zabawne. Dwa pozostające w sprzeczności sposoby rozumowania mogą przyprawić o zawrót głowy. Ważniejsze jednak jest to, że możemy zaprezentować zręczny paradoks na przyjęciu i spotkać się z uznaniem zebranych.

Jeśli idzie o prezentowanie dwóch wzajemnie sprzecznych poglądów, najlepszy był w tym Zenon z Elei. Czy słyszeliście jego historię o wyścigu Achillesa z żółwiem? Oczywiście Achilles potrafi biegać szybciej, więc żółw może wystartować pierwszy. Na odgłos wystrzału – czy raczej, jak mawiano w piątym wieku przed naszą erą, rzutu oszczepem – żółw rusza pierwszy, a zadaniem Achillesa jest dotarcie do punktu, z którego zwierzę zaczęło swój bieg. Oczywiście żółw przesunął się już dalej, więc teraz Achilles musi dotrzeć do tego właśnie punktu. Jednak zanim tam dotrze, żółw przesunie się jeszcze dalej i tak w nieskończoność. Achilles nigdy nie zdoła dogonić żółwia, chociaż bardzo się do niego zbliży. Wystarczy, że żółw będzie przesuwał się do przodu, by wygrać bieg.

Oczywiście Zenon z Elei to nie współczesny satyryk, ale też można powiedzieć, że sypie dowcipami jak z rękawa. Konkretnie „wysypały mu się" cztery. Drugi z jego paradoksów mówił o biegaczu, który, by pokonać pełny dystans, musi dotrzeć do jego połowy, a potem znowu do połowy tej połowy i tak w nieskończoność. Ujmując rzecz teoretycznie, ponieważ musi dotrzeć do połówek tego dystansu nieskończoną liczbę razy, nigdy nie dotrze do mety. Ale oczywiście mu się to uda. Nawet Zenon to zauważył.

Oto fragment skeczu, który pochodzi jakby wprost od Zenona z Elei:

Sprzedawca: Proszę pani, ten odkurzacz zaoszczędzi pani połowę pracy.
Klientka: Świetnie, wobec tego poproszę dwa!

W tym dowcipie jest coś dziwnego. Paradoks biegacza jest niezgodny ze zdrowym rozsądkiem i nawet jeśli nie jesteśmy w stanie powiedzieć, gdzie tkwi błąd, to i tak domyślamy się, że coś z nim jest nie w porządku. Jednak w przypadku odkurzacza sposób myślenia Zenona wcale nie jest paradoksalny.

Jeśli ta kobieta chce zredukować czas swojej pracy do zera, to żadna liczba odkurzaczy (i osób, które mogłyby je wraz z nią obsługiwać) w tym nie pomoże. Korzystanie z dwóch odkurzaczy zredukuje jedynie czas pracy do trzech czwartych, korzystanie z trzech – do pięciu szóstych i tak dalej, nawet gdybyśmy podnosili liczbę odkurzaczy do nieskończoności.

Paradoksy logiczne i semantyczne

Wszystkie logiczne i semantyczne paradoksy pochodzą od paradoksu Russella, nazwanego tak od nazwiska jego autora, dwudziestowiecznego angielskiego filozofa. Brzmi on tak: „Czy klasa wszystkich klas, które nie są własnymi elementami, jest swoim własnym elementem?". Jest to prawdziwa zagwozdka, chyba że ktoś skończył studia matematyczne. Ale zaraz. Na szczęście dwaj inni dwudziestowieczni logicy, Grelling i Nelson, zaprezentowali nieco prostszą wersję paradoksu Russella. Jest to semantyczny paradoks, który mówi o koncepcji słów, które odwołują się do siebie.

Oto co mówi: Mamy dwa rodzaje słów, te, które odwołują się do siebie (autologiczne) i inne (heterologiczne). Niektóre przykłady słów autologicznych, to na przykład angielskie słowo *short* (krótkie), które jest krótkim słowem, albo „polisylabiczny", które ma dużo sylab, albo nasze ulubione angielskie słowo *seventeen-lettered* (siedemnastoliterowy), które ma właśnie siedemnaście liter. Przykłady słów heterologicznych to „zakończenie", w którym nie ma żadnego konia, i „monosylabiczny", w którym jest więcej niż jedna sylaba. Powstaje pytanie: czy słowo „heterologiczny" jest auto- czy heterologiczne? Jeśli jest autologiczne, to jest heterologiczne. A jeśli heterologiczne, to autologiczne. Cha, cha!

Wciąż nie wydaje się to zbyt śmieszne? Spróbujmy więc przełożyć tę filozoficzną koncepcję na dowcip.

> W pewnym mieście jedyny balwierz goli tych mieszkańców, którzy sami nie zajmują się goleniem. Czy wobec tego goli się sam?
>
> Jeśli tak, to nie może tego robić. Jeśli nie, to musi się golić sam.

Oto paradoks Russella, z którego można skorzystać na przyjęciu.

Zazwyczaj nie zaglądamy do damskich toalet, dlatego trudno nam powiedzieć, co się w nich dzieje, ale wiemy, że nasi czytelnicy znają paradoksy umieszczane zwykle w męskich toaletach na terenie kampusów. Są to paradoksy logiczno-semantyczne w duchu tych Russella z Grellinga i Nelsona, tyle że bardziej dowcipne. Pamiętacie państwo te słowa? A może również sytuację, w jakiej się znajdowaliście, kiedy to czytaliście:

> Prawda czy fałsz: „To zdanie jest fałszywe".

Albo:

> Jeśli ktoś próbuje ponieść porażkę i odnosi sukces, to co mu się tak naprawdę udało?

Dodajmy jeszcze dla zabawy: „Czy słowo: «heterologiczny» jest autologiczne czy heterologiczne?". Najlepiej gdzieś nad pisuarem. To naprawdę będzie świadczyć o naszej klasie.

DIMITRI: Świetnie. Ale co to wszystko ma wspólnego z odpowiedzią na zasadnicze pytanie?
TASSO: Cóż, powiedzmy, że odwiedzasz wyrocznię delficką i pytasz ją: „O co w tym wszystkim chodzi, Dostojna Wyrocznio?". A ona na to: „Życie to piknik, wszystkie pikniki są fajne, więc życie też jest fajne". Logika dostarcza ci po prostu tematów do rozmowy.

{III}
Epistemologia
Teoria poznania

Skąd wiesz, że wiesz to, co wiesz? Trzeba wyeliminować odpowiedź: „Po prostu wiem!", a to, co zostanie, będzie epistemologią.

DIMITRI: Świetnie się teraz czuję, Tasso. Mam już po swojej stronie logikę, więc reszta powinna być jak piknik na Akropolu.

TASSO: Jakim Akropolu?

DIMITRI: No tym, przed nami! Może jednak powinieneś dać spokój *ouzo*, stary.

TASSO: Ale czy to naprawdę jest Akropol, czy tylko coś, co u w a ż a s z za Akropol? Skąd wiesz, że istnieje? Swoją drogą, skąd wiesz, że c o ś w ogóle istnieje?

DIMITRI: Teraz ja stawiam.

Rozum a objawienie

Więc skąd możemy wiedzieć cokolwiek, jeśli w rzeczywistości nic nie wiemy?

W średniowieczu to pytanie sprowadzało się do tego, czy boskie objawienie jest ważniejsze od rozumu, kiedy mówimy o ludzkim poznaniu, czy też odwrotnie.

Pewien mężczyzna wpadł do głębokiej studni i przeleciał przynajmniej kilkanaście metrów, zanim udało mu się złapać jakiś korzeń. Kiwając się na boki i czując, że zaczyna mu brakować sił, krzyczy:

– Czy jest tam kto?!

Patrzy do góry, ale widzi tylko niebo. Nagle chmury się rozstępują i promień słońca spływa wprost do studni. Słychać potężny głos:

– To ja, Pan. Puść korzeń, a cię ocalę.

Mężczyzna zastanawia się przez chwilę, a potem wrzeszczy:

– Czy jest tam ktoś jeszcze?!

Kiedy nasze życie wisi na włosku, lub też korzeniu, zwykle mamy tendencję odwoływania się do rozumu.

W siedemnastym wieku Kartezjusz opowiedział się po stronie rozumu, a nie boskiego źródła wiedzy. Według opinii niektórych, postawił wszystko na głowie.

Kartezjusz prawdopodobnie wolałby nigdy nie powiedzieć: *Cogito ergo sum* („Myślę, więc jestem"), ponieważ jest to jedyna związana z nim rzecz, którą wszyscy pamiętają – i być może jeszcze fakt, że powiedział to, siedząc w piecu chlebowym.

Co gorsza, jego *cogito* jest źle interpretowane – wielu z nas wierzy, że Kartezjusz uznał myślenie za podstawową ludzką właściwość. Cóż, wcale tak nie uważał, ale nie ma to nic wspólnego z *cogito ergo sum*. Kartezjusz doszedł do *cogito* poprzez eksperyment w radykalnym wątpieniu i odkrył, że nie może być niczego pewny, to znaczy, że nie ma niczego, czego nie można by podać w wątpliwość. Zaczął od wątpienia w istnienie świata. To było łatwe. Wystarczyło założyć, że śnimy albo mamy halucynacje. Następnie próbował podać w wątpliwość własne istnienie, ale niezależnie od tego, jak się starał, wciąż dochodził do tego, że ktoś musi w to wątpić. On sam! Nie mógł przecież zwątpić we własne wątpienie. Kartezjusz zaoszczędziłby wielu błędnych opinii na swój temat, gdyby powiedział: *Dubito ergo sum* („Wątpię, więc jestem").

Wszyscy amerykańscy sędziowie oczekują od ławy przysięgłych, by powtórzyła ten kartezjański proces szukania pewności poprzez sprawdzanie domniemanej winy podsądnego. I to przy równie wyśrubowanych kryteriach. Jednak problem, z którym styka się ława przysięgłych, jest nieco inny; sędzia nie pyta, czy w ogóle można podać w wątpliwość to, że podsądny w o g ó l e jest winny, ale to, czy można to uczynić zgodnie ze z d r o w y m r o z s ą d k i e m. Ale nawet to niższe kryterium wymaga od członków ławy przysięgłych iście kartezjańskiego wysiłku.

Pewnego mężczyznę oskarżono o morderstwo. Dowody świadczyły zdecydowanie przeciwko niemu, ale nie znaleziono ciała. W swoich ostatnich słowach obrońca uciekł się do pewnej sztuczki.

— Panie i panowie z ławy przysięgłych – rzekł. – Mam dla was niespodziankę: za minutę osoba uznana za zabitą wejdzie do tej sali.

Spojrzał w stronę drzwi. Zdziwieni członkowie ławy przysięgłych również spojrzeli w tamtą stronę. Minęła minuta, ale nic się nie stało. W końcu adwokat powiedział:

— Prawdę mówiąc, tylko to sobie wymyśliłem. Wszyscy jednak popatrzyli w stronę drzwi z oczekiwaniem, co wskazuje, że zdrowy rozsądek każe wątpić w to, iż ta osoba została zabita. Dlatego proszę o wyrok uniewinniający dla mojego klienta.

Ława przysięgłych udała się na naradę. Jednak po paru minutach jej członkowie pojawili się na sali sądowej i wydali wyrok: „Winny".

— Jak mogliście państwo to zrobić? – gardłował prawnik. – Przecież musieliście wątpić w to, czy w ogóle dokonano morderstwa. Widziałem, jak patrzyliście w stronę drzwi.

— My tak, ale pański klient nawet nie zerknął w tamtą stronę – odpowiedział przewodniczący ławy przysięgłych.

Empiryzm

Według osiemnastowiecznego irlandzkiego empirysty, biskupa George'a Berkeleya, *Esse est percipi* („Istnieć, to być postrzeganym"), co wskazuje na to, że tak zwany świat obiektywny istnieje jedynie w naszym umyśle. Berkeley twierdził, że wszelka wiedza na temat świata pochodzi od zmysłów. (Filozofowie mówią na takie informacje „dane zmysłowe".) Poza tymi danymi zmysłowymi nie można domyślać się niczego innego, jak na przykład istnienia tych rzeczy, które pobudzają nasze zmysły. Jednak biskup musiał założyć, że te dane skądś pochodzą i to „s k ą d ś" musi być Bogiem. Ogólnie rzecz biorąc, idea Berkeleya polega na tym, że to Bóg dostarcza naszym zmysłom danych, korzystając z jakiejś sieci internetowej – i to dwadzieścia cztery godziny na dobę przez siedem dni w tygodniu. (A przecież zawsze myśleliśmy, że Bóg pracuje tylko sześć dni w tygodniu!)

Podobno kiedy współczesny Berkeleyowi doktor Samuel Johnson dowiedział się o zasadzie *Esse est percipi*, kopnął słupek, do którego przywiązywano konie, i wykrzyknął: „W ten sposób zbijam teorię biskupa Berkeleya!".

Dla samego Berkeleya zabrzmiałoby to jak dobry żart. To kopnięcie i bolący palec dowodziły jedynie, że Bóg skrupulatnie przesyłał dane doktorowi Johnsonowi: najpierw wrażenie ruchu, uderzenia, a na końcu bólu.

Cała sprawa komplikuje się jeszcze bardziej, kiedy źródłem naszych danych zmysłowych jest inny człowiek.

Pewien mężczyzna martwił się, że jego żona traci słuch, dlatego zwrócił się do lekarza. Laryngolog poradził mu, by poddał ją prostemu testowi: najpierw miał jej zadać pytania z odległości siedmiu metrów, następnie trzech, a potem zapytać o to samo, stojąc tuż za nią.

Mężczyzna poszedł więc do domu i kiedy zobaczył żonę przy kuchni, zapytał od drzwi:

– Co mamy dziś na obiad?

Żadnego odzewu.

Stanął więc trzy metry za nią i zapytał:

– Co mamy dziś na obiad?

Znowu nic.

Wreszcie stanął tuż za nią i zapytał:

– Co mamy dziś na obiad?

W końcu żona odwróciła się do niego i powiedziała:

– Mówię ci trzeci raz, że kurczaka!

Cóż, małżonkowie mieli po prostu problem z interpretacją danych zmysłowych.

Metoda naukowa

Dzisiaj wydaje się nam w miarę oczywiste, że cała nasza wiedza na temat świata pochodzi od zmysłów. Jednak nie zawsze tak było. Wielu filozofów z dawnych wieków uważało, że w naszym umyśle znajdują się idee *a priori* – wcześniejsze niż doświadczenie. Niektórzy twierdzili, że dotyczy to istnienia Boga. Inni, że również zasady przyczynowości.

Nawet obecnie, jeśli ktoś mówi: „Wszystko dzieje się z jakiejś przyczyny" lub „Wierzę w reinkarnację", przytacza zdanie, którego nie można potwierdzić ani mu zaprzeczyć, opierając się na doświadczeniu. Jednak większość z nas zgadza się, że najlepszym probierzem sądów na temat świata są nasze doświadczenia i w tym względzie wszyscy jesteśmy empirykami. Chyba że przypominamy króla Polski, który – jako wyjątek – potwierdza regułę:

> Król Polski w otoczeniu swego dworu i książąt wybrał się na polowanie na łosie. Kiedy dotarli do lasu, zza drzew wybiegł sługa i machając rękami, zaczął krzyczeć:
> – Nie jestem łosiem!
> Król wycelował i zabił służącego jednym celnym strzałem w serce.

– Ależ najjaśniejszy panie! – powiedział książę. – Dlaczego to zrobiłeś? On przecież mówił, że nie jest łosiem.
– Do licha! – mruknął król. – A mnie się wydawało, że woła właśnie: „Jestem łosiem!".

Dobrze, porównajmy teraz króla ze znanym naukowcem.

Naukowiec wraz z żoną wybrał się na wycieczkę na wieś.
– Popatrz – mówi żona – ktoś ostrzygł te owce.
– Tak, po naszej stronie – dodaje naukowiec.

Na pierwszy rzut oka może nam się wydawać, że żona przekazuje jedynie zdroworozsądkową opinię, natomiast mąż jest ostrożniejszy i ogranicza się tylko do tego, co mogą potwierdzić dane zmysłowe. Jest to jednak mylny sąd. To żona sformułowała hipotezę, którą większość naukowców uznałaby za naukową. Doświadczenie empiryków nie ogranicza się do bezpośrednich danych zmysłowych. Naukowcy korzystają z wcześniejszych doświadczeń, by określić prawdopodobieństwo wystąpienia jakiegoś zjawiska i wydać bardziej ogólne sądy. Żona mówi tak naprawdę: „Widzę owce ostrzyżone przynajmniej po naszej stronie. Z wcześniejszych doświadczeń wiem, że gospodarze nie strzygą owiec tylko z jednej strony, a nawet gdyby ktoś tak zrobił, to istnieje niezwykle małe prawdopodobieństwo, żeby wszystkie owce ustawiły się do nas ostrzyżoną stroną. Dlatego mogę z dużą dozą pewności powiedzieć: «Te owce są całkowicie ostrzyżone»".

Możemy założyć, że naukowiec z dowcipu to jakiś przeuczony jajogłowy. Jednak zwykle uważamy kogoś, kto nie potrafi wyjść poza bezpośrednie doświadczenia, za głupka albo *sardara*, jak mówią w Indiach.

Policjant z New Delhi rozmawia z trzema *sardarami*, którzy uczą się na detektywów. By sprawdzić, czy są w stanie rozpoznać podejrzanego, pokazuje pierwszemu zdjęcie przez pięć sekund, a potem je chowa.

– To twój podejrzany. Jak go rozpoznasz?
Na to *sardar*:
– To proste. Złapiemy go, bo ma tylko jedno oko.
– Ty głupku! – mówi policjant. – To dlatego, że pokazałem ci zdjęcie z profilu.

Następnie pokazuje na chwilę zdjęcie drugiemu *sardarowi* i pyta, jak go rozpozna.

– To proste – odpowiada z uśmiechem mężczyzna. – Łatwo go złapać, bo ma tylko jedno ucho.

– Co się z wami dzieje? – pyta rozgniewany policjant. – Na tym zdjęciu widać tylko jedno oko i jedno ucho, bo zrobiono je z profilu. Nie stać was na więcej?

Wyraźnie przygnębiony pokazuje zdjęcie trzeciemu *sardarowi* i pyta kąśliwie:

– To twój podejrzany. Jak go rozpoznasz?
Sardar wpatruje się intensywnie w zdjęcie, a potem mówi:
– Ten podejrzany nosi szkła kontaktowe.

Policjant nie wie, co powiedzieć. Nie ma pojęcia, czy podejrzany rzeczywiście nosi szkła kontaktowe.

– To bardzo ciekawa odpowiedź – mruczy. – Zaczekajcie tu chwilę, a ja sprawdzę to w jego papierach.

Idzie do sąsiedniego pokoju i sprawdza informacje na temat podejrzanego, a następnie wraca z uśmiechem.

— No proszę! Aż trudno uwierzyć! Ten podejrzany rzeczywiście nosi szkła kontaktowe. Świetnie! Jak udało ci się do tego dojść?

— To proste – odpowiada *sardar*. – Nie może przecież nosić okularów, bo ma tylko jedno oko i jedno ucho.

Triumf empiryzmu w filozofii Zachodu polega na tym, że z góry zakładamy, iż wszyscy muszą z niego korzystać do weryfikowania swoich sądów.

Trzy kobiety przebierają się w szatni przed grą w tenisa, kiedy do pomieszczenia wbiega nagi mężczyzna z torbą na głowie. Pierwsza patrzy na jego klejnoty i mówi:
— To nie mój mąż.
Druga robi to samo i mówi:
— Tak, rzeczywiście.
Trzecia mówi:
— Ba, nawet nie jest członkiem naszego klubu.

Jednak mimo triumfu empiryzmu i nauki, wiele osób woli uznawać pewne niezwykłe wydarzenia za cuda, a nie za to, co można wytłumaczyć za pomocą naturalnych przyczyn. David Hume, brytyjski empirysta i sceptyk, stwierdził, że aby uznać coś za cud, trzeba by przyjąć, że wszystkie pozostałe możliwości są jeszcze bardziej nieprawdopodobne. Załóżmy, że ktoś twierdzi, że wyhodował palmę, która śpiewa arie z *Aidy*. Co jest najmniej prawdopodobne: że palma naruszyła prawa natury czy to, że facet zwariował albo zażył jakieś halucynogenne środki? Hume odpowiedziałby: „Dajcie spokój". Stwierdził bowiem, że trudno mu sobie wyobrazić okoliczności, w których byłby gotów uznać coś za cud, ponieważ wiadomo, że to, iż ktoś oszukuje albo sam dał się nabrać, jest bardziej prawdopodobne niż nagłe naruszenie praw natury. Poza tym należy pamiętać, że palmy nie przepadają za Verdim i wolą Pucciniego.

Co ciekawe, w poniższej historyjce Bill – prawdopodobnie uczeń Hume'a – poddaje domniemany cud weryfikacji, ale w końcu dochodzi do wniosku, że inne rozwiązanie jest jeszcze m n i e j prawdopodobne.

Któregoś razu Bill poskarżył się przyjacielowi, że mocno boli go łokieć. Przyjaciel zaproponował, by wybrał się do *swami*, który żył w jaskini nieopodal.

– Zostaw mu po prostu trochę moczu przed jaskinią, a on po głębokiej medytacji dojdzie w cudowny sposób do tego, co ci jest i jak można temu zaradzić – powiedział. – To kosztuje tylko dziesięć dolarów.

Bill stwierdził, że ma niewiele do stracenia, zostawił więc słoiczek z moczem oraz dziesięciodolarowy banknot przed jaskinią. Kiedy wrócił tam następnego dnia, znalazł kartkę: „Ma pan «łokieć tenisisty». Proszę go moczyć w ciepłej wodzie i nie podnosić ciężkich rzeczy. Za dwa tygodnie ból powinien ustąpić".

Kiedy Bill przemyślał wieczorem ten „cud", doszedł do wniosku, że mogła to być robota jego przyjaciela, który zostawił kartkę przed jaskinią. Dlatego postanowił się na nim zemścić. Zmieszał trochę wody z kranu z moczem swego psa, żony i syna. Na koniec dodał też trochę własnego. Następnie umieścił to wszystko przed jaskinią wraz z banknotem. Jeszcze tego samego dnia zadzwonił do przyjaciela, że cierpi na inną chorobę i że postanowił zasięgnąć porady *swami*.

Następnego dnia znalazł przed jaskinią kolejną kartkę: „Pańska woda jest zbyt twarda, przydałoby się coś, co ją zmiękczy. Pański pies ma robaki i potrzebuje witamin. Pański syn zażywa kokainę i powinien iść na odwyk. Pańska żona jest w ciąży i urodzi dwie dziewczynki bliźniaczki. To nie są pańskie dzieci i powinien się pan skontaktować z prawnikiem. A jeśli nie przestanie się pan zabawiać sam ze sobą, to łokieć nigdy nie przestanie pana boleć".

Jednak w dowcipach, podobnie jak w filozofii, zwykle przeważa sceptycyzm.

Stary „doktor" Bloom, właściciel sklepu żelaznego, słynął z tego, że zna cudowne lekarstwo na artretyzm. Zwykle też przed jego drzwiami czekało wielu pacjentów. Pewnego dnia przyszła do niego niemal zgięta we dwoje staruszka, która podpierała się laską. W końcu weszła do gabinetu i po półgodzinnej wizycie wyszła stamtąd zupełnie wyprostowana.
– To cud! To prawdziwy cud! – zaczęli mówić ludzie.
– Co on takiego zrobił? – zapytała jakaś kobieta.
– Dał mi dłuższą laskę – odparła staruszka.

Niewidomy też może być świetnym empirykiem, chociaż nie jest najmocniejszy, jeśli idzie o dane wzrokowe.

Jest święto Paschy i pewien Żyd je obiad w parku. Dosiada się do niego niewidomy, więc Żyd proponuje mu kawałek macy. Niewidomy bierze go i po chwili pyta:
– Kto napisał te bzdury?

Mężczyzna z kolejnej opowieści poczynił bezsensowne założenie, że niewidomy nie będzie miał innych możliwości zmysłowej weryfikacji.

Pewien mężczyzna wchodzi do baru z psem i zamawia drinka. Barman na to:
– Tutaj nie wolno wprowadzać psów!
– Ale to jest mój pies-przewodnik – odpowiada natychmiast.
– Bardzo przepraszam – sumituje się barman. – Wobec tego ten drink będzie na mój koszt.
Mężczyzna bierze drinka i siada przy drzwiach.
Po chwili do baru wchodzi mężczyzna z psem. Ten pierwszy zatrzymuje go i mówi:
– Tutaj nie wolno wprowadzać psów, chyba że powiesz, że to pies-przewodnik.
Tamten dziękuje mu i podchodzi do baru.
– Hej, tutaj nie wolno wprowadzać psów – woła barman.
– Ale to jest mój pies-przewodnik – odpowiada mężczyzna.
– Niemożliwe – mówi barman. – Psy chihuahua nie są przewodnikami.
Mężczyzna zastanawia się przez chwilę, a potem mówi:
– Co?! Więc dali mi chihuahua?!

Idealizm niemiecki

Nie wygłupiajcie się! Podmiot to nie tylko doświadczenia zmysłowe. Musi być w nim coś jeszcze.

Tak właśnie myślał osiemnastowieczny filozof niemiecki Immanuel Kant. Czytał on brytyjskich empirystów, którzy – jak to sam określił – wyrwali go z dogmatycznej drzemki. Kant założył, że nasz umysł może dać nam pewność co do tego, jaki w istocie jest świat. Jednak empiryści wykazali, że ponieważ cała nasza wiedza pochodzi od zmysłów, nie możemy być tego pewni. Truskawka jest tylko czerwona i słodka, kiedy korzystamy z naszych „urządzeń", konkretnie ze wzroku i smaku. Wiemy jednak, że ludzie z innymi od naszych kubkami smakowymi wcale nie muszą jej uznać za słodką. Tak więc Kant zapytał, czym jest truskawka „sama w sobie", że wydaje nam się czerwona i słodka (lub inna), kiedy poddajemy ją ocenie zmysłów.

Może nam się wydawać, że to nauka powie nam, czym jest truskawka sama w sobie, nawet jeśli zmysły nie mogą nam udzielić odpowiedzi na to pytanie. Ale jeśli się nad tym zastanowimy, okaże się, że nauka nie przybliża nas do truskawki-samej-w-sobie. Nie stwierdza ona, że pewien chemiczny melanż truskawki i neurologiczny melanż osoby łączą się, by określić, czy truskawka jest słodka czy kwaśna – i że ten chemiczny melanż określa to, czym „naprawdę" jest truskawka sama w sobie. Jeśli mówimy o tym „chemicznym melanżu", mamy na myśli „efekt, jaki daje truskawka przy określonych procedurach". Kiedy poddajemy ją tym procedurom, dowiadujemy się, jaka nam się wydaje po przeprowadzeniu tych procedur, podobnie jak wtedy, gdy próbujemy i dowiadujemy się, jak na nią reagują nasze kubki smakowe.

Kant doszedł do wniosku, że nie możemy nic wiedzieć o rzeczach samych w sobie. Jego zdaniem, *ding an sich*, rzecz-

-sama-w-sobie „równa się x". Możemy jedynie poznawać świat zjawisk (fenomenów), świat pozorów, ale nie transcendentalny świat noumenów.

W ten sposób Kant rzucił wyzwanie filozofii. Rozum nie jest w stanie powiedzieć nam nic o świecie poza tym, co jesteśmy w stanie poznać zmysłami. Korzystając z czystego rozumu, nie możemy więc zaakceptować teorii Berkeleya, w której Bóg wprowadza wszystkie potrzebne nam dane, ani żadnego innego metafizycznego wyjaśnienia istoty świata. Po Kancie filozofia już nigdy nie była taka sama.

Recepcjonistka:
– Panie doktorze, w poczekalni jest niewidzialny człowiek.
– Proszę mu powiedzieć, że nie mogę go widzieć.

Ten dowcip nie jest szczególnie pomocny w wyjaśnieniu Kantowskich fenomenów i noumenów. Może dlatego, że traci sporo w tłumaczeniu. Oto jak wyglądał w oryginalnej wersji, którą poznaliśmy w poradni U w Królewcu:

Recepcjonistka: *Herr doktor*, w poczekalni jest *ding an sich*.
Urolog: Jeszcze jeden *ding an sich*! Jeśli przyjmę dziś jeszcze jednego, to chyba się wykończę! Kto to taki?
Recepcjonistka: Skąd mam wiedzieć?
Urolog: Proszę go opisać.
Recepcjonistka: Chyba pan żartuje!

Proszę bardzo, oto oryginalny dowcip o *ding an sich*.

Jest w nim więcej, niż widać na pierwszy rzut oka. Recepcjonistka ze znanych tylko sobie powodów postanowiła nie dzielić się z lekarzem dowodami na to, że w poczekalni jest *ding an sich*. Jednak musiały to być jakieś zjawiska (fenomeny). Skąd to wiedziała? Musiała oprzeć się na swoich zmysłach. Być może był to s z ó s t y zmysł, a może tylko te od jednego do pięciu, ale była na tyle zmyślna, że na pewno z któregoś skorzystała. Wiemy też, że recepcjonistka napisała doktorat na temat *Krytyki czystego rozumu* Kanta i dopiero potem zdecydowała się na pracę w zaciszu poczekalni i własnej kuchni. Dlatego też uznała, że doktor każąc jej opisać *ding an sich*, nie ma na myśli doświadczeń zmysłowych z nim związanych, ale to, jaka jest sama w sobie – poza tym, jaka się wydaje. Dlatego była tak poirytowana tym pytaniem, chociaż później jakoś doszła do siebie i poślubiła kuzyna doktora, Helmuta, któremu urodziła troje ślicznych dzieci.

Dla Kanta i wielu epistemologów, którzy przyszli po nim, pytanie o to, co i jak możemy wiedzieć, sprowadzało się do tego, co możemy o tym z n a c z ą c e g o powiedzieć. J a k i e s t w i e r d z e n i a n a t e m a t ś w i a t a z a w i e r a j ą w i e d z ę n a t e m a t ś w i a t a?

Kant zabrał się do tego, dzieląc sądy na dwa rodzaje: analityczne i syntetyczne. Sądy analityczne są prawdziwe z definicji. Na przykład zdanie: „Wszystkie platany* to płazy" jest analityczne. Nie mówi ono nic na temat platany poza tym, czego możemy się sami dowiedzieć, sprawdzając ten termin w słowniku. Z drugiej strony stwierdzenie: „Niektóre platany są zezowate" ma charakter syntetyczny. Dostarcza nam ono nowych informacji na temat świata, ponieważ w definicji platany nie ma nic na temat zeza.

Następnie Kant rozróżnił sądy *a priori* i *a posteriori*. Sądy *a priori* to takie, których dokonujemy wyłącznie na podstawie

---

* Żaby szponiaste.

Portret ding an sich

czystego rozumu, bez udziału doświadczeń zmysłowych. Nasze wcześniejsze stwierdzenie: „Wszystkie platany są płazami" jest sądem *a priori*. Nie musimy sprawdzać poszczególnych platan, by przekonać się, że to prawda. Wystarczy, że sprawdzimy słowo „platana" w słowniku. Z kolei sądy *a posteriori* opierają się na naszych zmysłowych doświadczeniach. Stwierdzenie: „Niektóre platany są zezowate" może się okazać prawdziwe dopiero po sprawdzeniu pewnej liczby tych żab, najlepiej przez okulistę, chociaż możemy też oprzeć się na jakimś innym autorytecie.

Do tej pory mieliśmy do czynienia z sądami analitycznymi *a priori* („Wszystkie platany są płazami") albo syntetycznymi *a posteriori* („Niektóre platany są zezowate"). Kant zastanawiał się jednak, czy możliwe są sądy syntetyczne *a priori*. Byłyby to takie stwierdzenia, które rozszerzają naszą wiedzę o świecie, ale jednocześnie wynikają wyłącznie z rozumu. Empirycy uważali, że nie istnieje wiedza syntetyczna *a priori*, ponieważ źródłem naszej wiedzy dotyczącej świata są nasze doświadczenia zmysłowe. Ale Kant powiedział: „Hola! A co z sądami typu: «Każde zdarzenie ma swoją przyczynę»?". Jest on syntetyczny, gdyż mówi nam coś nowego o świecie, coś, czego nie zawierają definicje słów „zdarzenie" i „przyczyna". Ale jednocześnie ma on aprioryczny charakter i wynika z samego rozumu, a nie z doświadczenia. Jak to możliwe? Kant odrzekł: „To dlatego, że m u s i m y założyć, że jest on prawdziwy, żeby w ogóle móc mówić o jakichś zrozumiałych doświadczeniach". Gdybyśmy nie założyli, że obecna sytuacja wynika z całego łańcucha poprzedzających ją zdarzeń, niczego nie bylibyśmy w stanie zrozumieć. Żylibyśmy jak w filmie *Mulholland Drive*, gdzie nie ma ustalonego porządku zdarzeń. Musielibyśmy zapomnieć o tym, że możemy powiedzieć c o k o l w i e k na temat świata, ponieważ nie moglibyśmy liczyć na spójność tego wszystkiego, co go dotyczy.

Wiele dowcipów wykorzystuje mylenie sądów analitycznych *a priori* i syntetycznych *a posteriori*.

> Istnieje jeden pewny sposób na to, by dożyć późnego wieku – należy jeść codziennie jeden pulpet przez kolejne sto lat.

Ten żart nie mówi prawdy, gdyż daje radę analityczną *a priori*, chociaż tak naprawdę potrzeba tu rady syntetycznej *a posteriori*. Pytanie o długowieczność w sposób oczywisty odwołuje się do tego, co wiemy na temat świata. „Co podpowiada nam d o ś w i a d c z e n i e, jeśli idzie o długowieczność?". Dlatego spodziewamy się odpowiedzi typu: „Trzeba rzucić palenie" albo „Trzeba przyjmować czterysta miligramów koenzymu Q-10 przed zaśnięciem". A dostajemy odpowiedź analityczną, i to w dodatku z pulpetami, które tak się mają do rzeczy jak piernik do wiatraka. „Żeby dożyć późnego wieku, trzeba żyć sto lat, bo powszechnie uważa się, że sto lat to dużo. Przy okazji trzeba też jeść pulpety. Na pewno nam nie zaszkodzą". (Cóż, może te wszystkie kwasy tłuszczowe typu trans mogą nam zaszkodzić, ale kto by się tym przejmował po stu latach.)

Oto jeszcze jeden dowcip.

Joe: Świetny śpiewak, co?
Blow: Ba, gdybym miał jego głos, też byłbym dobry!

Tutaj sprawa przedstawia się podobnie. „Świetny śpiewak" to taki, który ma dobry głos. Dlatego stwierdzenie Blowa: „Gdybym miał jego głos, też byłbym dobry" nie mówi nam niczego nowego na temat jego śpiewaczych umiejętności. Tak naprawdę Blow mówi: „Gdybym był świetnym śpiewakiem, to byłbym świetnym śpiewakiem". A jeśli ta prawda nie wynika z definicji, to nic nie jest prawdziwe.

A oto nieco bardziej skomplikowany przykład tego, co się dzieje, kiedy mylimy sądy syntetyczne *a posteriori* i analityczne *a priori*.

Pewien mężczyzna przymierza robiony na zamówienie garnitur i mówi do krawca:
– Musi pan skrócić ten rękaw! Jest pięć centymetrów za długi!
– Nie, nie, niech pan zegnie rękę w łokciu – mówi na to krawiec. – Widzi pan, już się schował.
– No dobrze, ale niech pan popatrzy na kołnierzyk – odpowiada mężczyzna. – Kiedy zginam rękę, kołnierzyk wchodzi mi na głowę.
– Więc niech pan ją wyciągnie i przechyli do tyłu.
O, świetnie.
– Ale teraz lewe ramię jest z dziesięć centymetrów niżej niż prawe – skarży się mężczyzna.
– Musi pan się przechylić w lewo i wszystko będzie w porządku – uspokaja krawiec.

Mężczyzna wychodzi od niego z prawą ręką zgiętą w łokciu, odchyloną do tyłu głową, pochylając się w lewo. Posuwa się do przodu niczym paralityk.

Właśnie wtedy zwraca na niego uwagę dwóch przechodniów.

– Popatrz na tego kalekę – mówi pierwszy. – Strasznie mi go szkoda.

– Tak, ale jego krawiec to geniusz – mówi drugi. – Popatrz, jak świetnie na nim leży ten garnitur!

Syntetyczny a analityczny, co? I nie chodzi nam tutaj o typ materiału. Dla przechodnia stwierdzenie: „Ten krawiec świetnie dopasował garnitur" jest sądem syntetycznym *a posteriori*, który ma dostarczyć informacji opartych na obserwacjach na temat domniemanych zdolności krawca. Ale dla krawca stwierdzenie: „Garnitur, który zrobiłem, doskonale pasuje" jest tak naprawdę sądem analitycznym. To tak, jakby powiedział: „Garnitur, który zrobiłem, to garnitur, który zrobiłem". Dlatego że k a ż d y jego garnitur będzie doskonale pasował, gdyż dostosowuje on swoich klientów do garniturów.

Zegar Kanta

Kant dał pierwszeństwo czystemu rozumowi, gdyż widział małą potrzebę osobistych doświadczeń w rozwiązywaniu problemów dotyczących wiedzy. Zapewne dlatego nigdy nie opuścił swego rodzinnego Królewca i żył samotnie, według określonego porządku – na przykład zawsze odbywał poobiedni spacer. Podobno obywatele Królewca mogli regulować zegarki na podstawie miejsca, w którym akurat się znajdował na ulicy. (Ulicę tę później zaczęto nazywać *Philosophengang*, czyli „Deptak filozofa".)

Mniej znana historia (gdyż być może nie jest prawdziwa) mówi, że kościelny z królewieckiej katedry regulował zegar na wieży według jego spaceru, a Kant z kolei wyznaczał swoją trasę według wskazań zegara.

I proszę, jakie pomieszanie tego, co syntetyczne i analityczne! Zarówno Kant, jak i kościelny uważają, że zyskują nowe informacje na podstawie obserwacji wzajemnych zachowań. Kant uważa, że obserwując zegar, dowiaduje się, jaki jest oficjalny czas w Niemczech, który z kolei ustalano na podstawie obrotów Ziemi. Kościelny natomiast uważa, że obserwując spacer Kanta, dowiaduje się, jaki jest oficjalny czas, gdyż wierzy, że punktualność jest inherentną cechą profesora. W rzeczywistości obaj dochodzili do konkluzji analitycznej, która była prawdziwa z definicji. Konkluzja Kanta: „Odbywam spacer o piętnastej trzydzieści" tak naprawdę sprowadza się do analitycznego stwierdzenia: „Odbywam swój spacer, kiedy odbywam swój spacer" – gdyż Kant określa czas swego spaceru według zegara, który jest dostosowany do jego spaceru. Konkluzja kościelnego: „Mój zegar dobrze chodzi" sprowadza się do stwierdzenia: „Mój zegar pokazuje tę godzinę, którą pokazuje" – gdyż kryterium jego punktualności jest spacer Kanta oparty na wskazaniach właśnie tego zegara.

Filozofia matematyki

A co z wnikliwą obserwacją Dimitriego, że 2 + 2 = 4? Czy jest to sąd analityczny prawdziwy z definicji? Czy jest on częścią tego, co rozumiemy pod pojęciem „4", które jest sumą 2 i 2? Czy jest on raczej syntetyczny? Czy dostarcza nam on nowej wiedzy na temat świata? Czy doszliśmy do niego, licząc dwie rzeczy, a następnie kolejne dwie rzeczy i łącząc je razem? Ten drugi pogląd prezentuje plemię Voohoona z australijskiego interioru.

> Antropolog z Zachodu dowiedział się od jednego z Voohooni, że 2 + 2 = 5. Kiedy zapytał go, jak doszedł do tego wyniku, ten powiedział:
> – Oczywiście licząc. Najpierw wiążę dwa węzły na kawałku sznurka. Potem dwa kolejne na innym kawałku. Kiedy je połączę, mam pięć węzłów.

Większa część filozofii matematyki jest trudna i ma bardzo techniczny charakter. Jedyna rzecz, którą naprawdę trzeba wiedzieć, to ta, że jeśli idzie o matematykę, są trzy rodzaje ludzi: tacy, którzy umieją liczyć, i tacy, którzy tego nie potrafią.

Pragmatyzm

Dla epistemologicznego pragmatyka, takiego jak dziewiętnastowieczny amerykański filozof William James, prawda jakiegoś stwierdzenia leży w jego praktycznych konsekwencjach. Według Jamesa, wybieramy prawdę jakiegoś sądu ze względu na to, co oznacza ona w praktyce. Mówimy więc, że prawo grawitacji Newtona jest prawdziwe nie dlatego, że odpowiada ono temu, „jak jest naprawdę", ale dlatego, że jest u ż y t e c z n e w przewidywaniu tego, jak zachowają się dwa wzajemnie powiązane przedmioty w bardzo różnych okolicznościach: „Hej, założę się, że jabłka będą spadać nawet w New Jersey". W dniu, kiedy ta teoria przestanie być użyteczna, zastąpimy ją natychmiast jakąś inną.

Pewna kobieta zgłosiła na policję, że zaginął jej mąż. Kiedy dyżurny policjant zapytał ją, jak wygląda, odparła:
– Ma metr dziewięćdziesiąt, bujne kręcone włosy i jest dobrze zbudowany.
– O czym ty mówisz? – pyta ją przyjaciółka. – Twój mąż ma najwyżej metr sześćdziesiąt, duży brzuch i jest łysy.
– A po co mają mi szukać takiego męża? – odpowiada kobieta.

Ta część historii jest powszechnie znana. Zapewne już ją państwo słyszeliście. Jednak dalsza część rozmowy nie jest już tak popularna:

– Ależ, proszę pani – mówi dyżurny – pytamy o taki opis, który odpowiada wyglądowi pani męża.
– Co to za odpowiedniość! – mruczy kobieta. – Nie można ustalić prawdy, opierając się wyłącznie na kryteriach epistemologicznych, ponieważ nie można określić odpowiedniości tych kryteriów, nie opierając się na poszukiwanych celach i wyznawanych wartościach. Znaczy to tyle, że w ostatecznym rachunku prawda to to, co nas satysfakcjonuje, a Bóg mi świadkiem, że mój mąż nie spełniał tego kryterium.

Fenomenologia

Po wspięciu się na wyżyny abstrakcji filozofia potrafi też korzystać z codziennych doświadczeń. To właśnie stało się w przypadku epistemologii na początku dwudziestego wieku, kiedy to fenomenologowie wypowiedzieli się na temat tego, co naprawdę znaczy stwierdzenie, że coś wiemy. Fenomenologia stanowiła bardziej metodologię niż zespół filozoficznych zasad i próbowała zrozumieć ludzkie doświadczenia, a nie obiektywne dane. Jest to podejście bardziej typowe dla powieściopisarzy niż podatnych na abstrakcje filozofów.

Fenomenologowie tacy, jak Edmund Husserl, skorzystali z niemieckiego słowa *einfühlung* („wczuwanie się" lub empatia) jako metody dotarcia do sedna ludzkich doświadczeń i odczuwania świata tak, jak odczuwa go drugi człowiek. Innymi słowy, chodziło o to, by znaleźć się w sytuacji innej osoby.

– Pani doktor – mówi zażenowana kobieta. – Mam problem z seksem. Mój mąż mnie nie podnieca.

– Dobrze, jutro zbadam dokładnie tę sprawę – odpowiada lekarka. – Proszę przyjść z mężem.

Następnego dnia przychodzą razem.

– Proszę się rozebrać, panie Thomas – mówi lekarka. – A teraz proszę się obrócić. Hm, proszę się jeszcze położyć. No tak... może się pan ubrać.

Lekarka bierze kobietę na stronę.

– Nic pani nie jest – mówi. – On mnie też nie podnieca.

Dimitri: Muszę przyznać Tasso, że dobrze jest znać epistemologię.
Tasso: To świetnie. Ale dlaczego? Co rozumiesz pod słowem: „dobrze"?
Dimitri: Zanim odpowiem na to pytanie, sam chcę ci jedno zadać. Czy wiesz, co znaczy: „upierdliwy palant"?

{IV}
Etyka

*Etyka zajmuje się rozróżnianiem tego,
co dobre, i tego, co złe. Te sprawy zaprzątają też
kapłanów, mędrców i rodziców. Niestety, filozofowie
i dzieci mają tu brzydki zwyczaj pytania ich
wszystkich: „Dlaczego?".*

Dimitri: Zastanawiałem się nad twoim pytaniem na temat tego, co jest dobre, i znalazłem odpowiedź. Robić dobrze, to postępować według sprawiedliwych zasad.

Tasso: Na Zeusa, Dimitri! Wciąż mnie zaskakujesz! Zaczynasz mówić jak prawdziwy filozof. Mam tylko jedno pytanie „Jak chcesz określić te zasady?".

Dimitri: Phi! Tak jak wszyscy. Znam je od mojej mamy.

Tasso (na stronie): Dlaczego to Sokrates dostaje wszystkich najlepszych studentów?

Etyka absolutystyczna – boskie prawo

Boskie prawo powoduje, że etyka staje się prosta. Jeśli Bóg mówi, że coś jest złe, to jest to całkowicie i niezaprzeczalnie złe. I tyle. Pojawiają się tu jednak pewne komplikacje. Po pierwsze, skąd możemy wiedzieć, co Bóg naprawdę myśli? Fundamentaliści znaleźli na nie odpowiedź: mamy przecież Pismo. Ale skąd ludzie w Nim opisani mieli pewność, że wszystkie znaki pochodzą od Boga? Abraham uważał, że Bóg kazał mu złożyć krwawą ofiarę z syna. Uznał więc, że jeśli jest to nakaz Boga, to musi go spełnić. Nasze pierwsze filozoficzne pytanie do Abrahama brzmiałoby: „Czyś ty zwariował? Słyszysz, że «Bóg» każe zrobić ci coś szalonego i nie prosisz go nawet o dowód osobisty?".

Kolejny problem z boskim prawem polega na jego interpretacji. Co tak naprawdę ma oznaczać „czczenie ojca swego i matki swojej"? Życzenia na Dzień Matki? Małżeństwo z nudnym dentystą, tak jak chcą szanowni rodzice? Te pytania wcale nie przypominają talmudycznego dzielenia włosa na czworo, kiedy dentysta ma metr pięćdziesiąt w kapeluszu i waży sto kilogramów.

Podstawową cechą boskiego prawa jest to, że Bóg ma w nim zawsze ostatnie słowo.

> Mojżesz schodzi z góry Synaj z kamiennymi tablicami
> w dłoniach i oznajmia zgromadzonym tłumom:
> – Mam dwie wiadomości, jedną dobrą, a drugą złą. Dobra
> to ta, że po dyskusjach z Bogiem udało się zejść do dziesięciu.
> A zła, że cudzołóstwo jednak zostało.

Młody, pełen wigoru święty Augustyn miał podobny problem, kiedy starał się negocjować z Bogiem i wykrzyknął:

– Boże, daj mi dar czystości! Ale nie teraz!

Wygląda na to, że sam próbował dzielić włos na czworo: „Przecież nie powiedziałeś, kiedy nie należy cudzołożyć, prawda?". Oczywiście brzmi to jak żart.

Platońska cnota

W swoim największym dziele, *Państwie*, Platon napisał: „Państwo jest odbiciem duszy ludzkiej". Żeby więc omówić cnoty jednostek, napisał dialog o cnotach idealnego państwa. Władców tego państwa nazwał królami-filozofami, co może być przyczyną tak wielkiej popularności Platona wśród filozofów. Królowie-filozofowie przewodzą państwu tak, jak rozum przewodzi ludzkiej duszy. Najważniejszą cnotą, zarówno królów-filozofów, jak i państwa, jest mądrość, którą Platon zdefiniował jako zrozumienie idei dobra. Jednak to, co dobre dla jednego, nie musi być takie dla drugiego.

W czasie spotkania rady uczelnianej nagle pojawia się anioł i mówi do szefa instytutu filozofii:

– Dam ci jedną z trzech rzeczy, którą wybierzesz: mądrość, piękno albo dziesięć milionów dolarów.

Oczywiście profesor bez wahania wybiera mądrość.

Nagły błysk i wydaje się zmieniony, chociaż wciąż siedzi i patrzy na swój stolik. Jeden z jego kolegów szepcze:
— Powiedz coś.
— Powinienem był wziąć forsę — mówi profesor.

Stoicyzm

Głównym problemem etycznym, z jakim musieli się zmierzyć stoicy w czwartym wieku przed naszą erą, było narastające poczucie fatalizmu, wynikające z życia w ściśle kontrolowanym imperium. Nie mogli oni zmienić zbyt wiele w swoim codziennym życiu, więc zdecydowali się zmienić swoje podejście do życia. Było to jedyne, co im zostało. Opracowali strategię emocjonalnego wyłączenia się z życia i nazwali ją *apathia*. Apatia była dla stoików cnotą, z czego naśmiewano się w miejscowej tawernie. Stoicy gotowi byli poświęcić pewne rodzaje szczęścia (seks, narkotyki i dionizyjski hip-hop), byle tylko uniknąć nieszczęść, które sprowadzają (chorób wenerycznych, kaca i kiepskich rymów). Zawsze postępowali wedle wskazań rozumu, a nie namiętności, i dlatego uważali się za szczęśliwych, co znaczyło tyle, że nie byli nieszczęśliwi.

W poniższej historii pan Cooper prezentuje współczesną formę stoicyzmu — stoicyzm zastępczy.

Cooperowie weszli do gabinetu dentysty i pan Cooper od razu wyjaśnił mu, że bardzo się spieszą.

— Żadnych udziwnień, panie doktorze — zarządził. — Jakichś tam środków znieczulających czy czegoś w tym rodzaju. Proszę po prostu wyrwać ząb i tyle.

— Chciałbym, żeby inni moi pacjenci też byli takimi stoikami — rzekł z podziwem dentysta. — Dobrze, który to ząb?

Pan Cooper obrócił się w stronę żony.

— Otwórz buzię, kochanie.

G.K. Chesterton napisał kiedyś: „Słowo «dobry» ma wiele znaczeń. Jeśli na przykład jakiś mężczyzna zastrzeliłby matkę z pięciuset metrów, uznałbym go za dobrego strzelca, ale niekoniecznie dobrego człowieka". To jedno słowo: „niekoniecznie" świadczy o tym, że Chesterton dysponował prawdziwie filozoficznym umysłem.

Utylitaryzm

Wiemy wszyscy, że dwudziestowieczny sympatyk komunizmu, niejaki Włodzimierz Lenin, powiedział: „Cel uświęca środki", ale paradoksalnie niewiele się w tym różni od poglądów niezwykle pobożnego Johna Stuarta Milla. Mill wraz z utylitarystami zaproponował etykę „konsekwencji": moralna słuszność jakiegoś czynu zależy wyłącznie od jego konsekwencji.

Bohaterka poniższej opowieści jest najwyraźniej utylitarystką.

Pani O'Callahan poleciła artyście, który malował jej portret, by domalował jej dwie złote bransoletki, naszyjnik z pereł, kolczyki z rubinami i brylantowy diadem.

Malarz zauważył, że byłoby to kłamstwo.
- Wie pan, mój mąż kręci teraz z pewną młodą blondynką - wyjaśniła pani O'Callahan. - Chcę, żeby po mojej śmierci zwariowała, szukając tej biżuterii.

Podobnego usprawiedliwienia można by użyć w poważniejszej sprawie, jeśli tylko uznalibyśmy, że przyniesie ono „dobre" konsekwencje.

Pani Brevoort, wdowa, kręciła się koło basenu w swoim klubie, aż w końcu zauważyła opalającego się przystojnego młodego mężczyznę. Przysunęła więc do niego swój leżak i powiedziała:
- Chyba nigdy wcześniej tu pana nie widziałam, prawda?
- To bardzo prawdopodobne - stwierdził mężczyzna. - Niedawno wyszedłem z więzienia.
- Naprawdę? Za co pana wsadzili?
- Zamordowałem swoją żonę.
- A, więc jest pan wolny! - zauważyła pani Brevoort.

Wpływowy współczesny utylitarysta Peter Singer często porównuje decyzje, które - jak się powszechnie uważa - mają straszne konsekwencje i takie, które są zupełnie niegroźne, i stwierdza, że mogą one być etycznie podobne. W jednym ze swoich esejów opisuje sytuację, w której możemy zdobyć pieniądze na nowy telewizor, sprzedając bezdomne dziecko firmie, która wykorzysta jego organy do przeszczepów. Wszyscy się zgadzamy, że jest to bardzo złe. Jednak Singer zauważa, że za każdym razem, kiedy kupujemy telewizor, zamiast przekazać te pieniądze fundacji charytatywnej, zajmującej się bezdomnymi dziećmi, robimy mniej więcej to samo. Czy nie wydaje się to straszne? Jest to argument z analogii od pewnego dramatycznego konkretu do ogólnego moralnego stwierdzenia. Tak jak w znanym dowcipie:

> On: Czy przespałabyś się ze mną za milion dolarów?
> Ona: Milion dolców? Do licha, jasne!
> On: A za dwa dolary?
> Ona: Spadaj, frajerze! Kim to ja niby jestem?
> On: To już ustaliliśmy. Teraz tylko spieramy się o cenę.

Nadrzędny imperatyw kategoryczny i dawna złota zasada

Kant nazwał swoją naczelną zasadę, będącą podstawą innych wskazań etycznych, „nadrzędnym imperatywem kategorycznym". Na pierwszy rzut oka wygląda on trochę jak nieco podrasowana dawna złota zasada.

Złota zasada: „Nie rób drugiemu, co tobie niemiłe".

Nadrzędny imperatyw kategoryczny: „Postępuj według takiej zasady, dla której byś chciał, by stała się prawem powszechnym"*.

Oczywiście w ujęciu Kanta wypada to o wiele chłodniej. Już sam termin „nadrzędny imperatyw kategoryczny" brzmi, hm, dosyć germańsko. Ale przecież w końcu Kant był Niemcem...

Jednak imperatyw kategoryczny i złota zasada mają ze sobą wiele wspólnego, jeśli idzie o ich filozoficzne znaczenie:

---

* Por. B.A.G. Fuller, *Historia filozofii*, t. 11, Warszawa 1967, s. 254: „...działaj tak, jak gdyby maksyma twojego działania miała się stać z twojej woli powszechnym prawem natury".

- Żadna nie dotyczy konkretnego działania, w przeciwieństwie do stwierdzeń typu: „Czcij ojca swego i matkę swoją" albo „Jedz szpinak!".
- Obie te zasady wprowadzają pewne abstrakcyjne kryterium, potrzebne do określenia tego, co jest dobre, i tego, co złe.
- W obu to abstrakcyjne kryterium zakłada, że wszyscy ludzie są tak samo ważni jak my sami i powinni być traktowani tak samo jak ty i ja... zwłaszcza ja.

Istnieje jednak fundamentalna różnica między imperatywem kategorycznym i złotą zasadą, co pomaga nam uzmysłowić sobie następujące zdanie:

Sadysta to masochista, który stosuje się do złotej zasady.

Zadając innym ból, masochista robi tylko to, co nakazuje mu złota zasada – traktuje innych tak, jakby chciał, żeby jego samego potraktowano (najlepiej batem). Jednak Kant powiedziałby, że masochista nie mógłby szczerze stwierdzić, iż chce, żeby imperatyw moralny „zadawania bólu innym" stał się prawem powszechnym. Nawet on musiałby uznać to za bezsensowne.

Podobne rozważania doprowadziły George'a Bernarda Shawa do ironicznej zmiany złotej zasady:

„Nie rób innym, co tobie miłe. Oni mogą to traktować nieco inaczej".

Wariacje związane ze złotą zasadą można znaleźć nie tylko u Kanta, ale też w pismach religijnych z całego świata:

HINDUIZM (OK. XIII W. P.N.E.)
Nie rób innym tego, czego nie chciałbyś, by robiono tobie... Oto cała Dharma. Rozważ ją dobrze.
Mahabharata

JUDAIZM (OK. XIII W. P.N.E.)
Nie rób sąsiadowi tego, czego sam nie znosisz. Oto cała Tora; reszta to komentarze; idź, naucz się tego.
Talmud babiloński

ZOROASTRYZM (OK. XII W. P.N.E.)
Natura ludzka jest dobra, kiedy człowiek nie robi innym tego, co dla niego samego nie jest dobre.
Dadistan-i-Dinik

BUDDYZM (OK. VI W. P.N.E.)
Nie krzywdź innych w sposób, który sam uważasz za bolesny.
Tybetańska *Dhammapada*

KONFUCJANIZM (OK. VI W. P.N.E.)
Nie rób innym tego, czego nie chciałbyś, by robiono tobie.
Konfucjusz, *Dialogi konfucjańskie*

Islam (ok. vii w.)
Nikt z was nie stanie się wyznawcą,
zanim nie będziecie pragnąć dla innych tego,
czego pragniecie dla siebie.
Sunna z *Hadisu*

Baháʼí (ok. xix w.)
Nie przypisujcie nikomu tego, czego byście
nie przypisali sobie, i nie mówcie tego,
czego byście o sobie nie powiedzieli.
Oto moje przykazanie dla was; przestrzegajcie go.
Baháʼuʼlláh, *Ukryte słowa*

Sopranizm (xxi w.)
Jeśli załatwiasz kogoś pięścią, to z takim szacunkiem,
z jakim byś chciał, żeby ciebie załatwiono, nie?
Tony Soprano, odcinek dwunasty

Wola mocy

Dziewiętnastowieczny filozof niemiecki Fryderyk Nietzsche ogłosił, że ma zamiar rozprawić się z tradycyjną chrześcijańską etyką. Zaczął delikatnie, od ogłoszenia śmierci Boga. Bóg odpłacił mu się, ogłaszając na ścianach studenckich toalet, że to Nietzsche umarł. Kiedy jednak Nietzsche mówił o śmierci Boga, chodziło mu o to, że kultura Zachodu przerosła zarówno metafizyczne wyjaśnienia świata, jak i towarzyszącą im chrześcijańską etykę. Nazwał chrześcijaństwo „moralnością stada", gdyż naucza ono „nienaturalnej etyki" – tego, że źle jest być dominującym samcem w stadzie. W zamian chciał wprowadzić afirmującą życie etykę siły, którą nazwał wolą mocy. Ktoś obdarzony niezwykłą osobowością, *Übermensch* albo superman, nie musi się stosować do etyki stada i może dowolnie manifestować swoją nadzwyczajną siłę i wyższość. Widać z tego, że należał do szkoły Tony'ego Soprano, jeśli idzie o stosowanie złotej zasady. Z tego powodu Nietzschego oskarżano o wszystko, co najgorsze, poczynając od niemieckiego militaryzmu, a na kiszonej kapuście kończąc.

W niemieckim jedzeniu najgorsze jest to, że niezależnie od tego, ile się je, to człowiek i tak jest głodny władzy.

Emotywizm

Do połowy dwudziestego wieku większa część filozofii etyki stała się metaetyką. Zamiast pytać: „Jakie działania są dobre?", filozofowie pytali: „Co oznacza stwierdzenie, że jakieś działanie jest dobre? Czy jeśli mówię: «x jest dobry», to chodzi mi tylko o to, że pochwalam x? Albo może stwierdzenie «x jest dobry» wyraża emocje, które odczuwam, widząc x lub myśląc o x?". Tę drugą opinię, znaną jako emotywizm, można zilustrować następującą historią:

Pewien mężczyzna napisał list do urzędu skarbowego: „Szanowni Państwo, nie mogę spać, wiedząc, że oszukałem kraj, zaniżając swój dochód. Załączam czek na sto pięćdziesiąt dolarów. Jeśli w dalszym ciągu będę miał problemy ze spaniem, przyślę resztę".

Etyka stosowana

Gdy jednak metaetyczne spekulacje na temat znaczenia słowa „dobry" traciły powoli swój rozmach, ponownie stało się modne s t o s o w a n i e etyki i filozofowie znowu zaczęli pisać o tym, jakie działania są dobre. Wzrósł popyt na nowe rodzaje etyki: bioetykę, etykę feministyczną i etykę związaną z odpowiednim traktowaniem zwierząt.

Rozwinęła się zwłaszcza jedna z gałęzi etyki stosowanej, a mianowicie etyka zawodowa, mówiąca o tym, jakie zasady regulują stosunki klientów lub pacjentów i usługodawców.

Czterej etycy wyszli razem z konferencji poświęconej etyce zawodowej.

– Wiecie – powiedział pierwszy – ludzie zawsze przychodzą do nas ze swoimi obawami i poczuciem winy, ale my sami nie mamy się do kogo zwrócić. Może więc teraz wysłuchamy siebie nawzajem?

Pozostała trójka przystała na to.

– Ja mam olbrzymią potrzebę pozabijania moich pacjentów, nad którą z trudem panuję – wyznał pierwszy z nich.

– Ja oszukuję pacjentów tak, żeby wydusić z nich jak najwięcej pieniędzy – przyznał się drugi.

– Ja zajmuję się dystrybucją narkotyków i moi pacjenci często sprzedają je za mnie – powiedział trzeci.

– Wiecie – wyznał czwarty – niezależnie od tego, jak bardzo się staram, to nie potrafię dochować tajemnic.

Każda dziedzina medyczna rozwinęła własne zasady etyczne.

Czterej lekarze wybrali się razem na polowanie na kaczki: lekarz rodzinny, ginekolog, chirurg i anatomopatolog. Kiedy nad ich głowami przeleciał jakiś ptak, lekarz rodzinny zaczął strzelać, ale zaraz przestał, bo nie miał pewności, czy jest to kaczka. Ginekolog również zaczął strzelać, ale opuścił broń, gdy nagle uświadomił sobie, że nie wie, czy jest to kaczka czy kaczor. W tym czasie chirurg zastrzelił ptaka i mówi do anatomopatologa:
– Idź, zobacz, czy to kaczka.

Nawet prawnicy mają etykę zawodową. Jeśli na przykład klient zapłaci za poradę czterysta dolarów zamiast wymaganych trzystu, w sposób naturalny rodzi się delikatne pytanie, czy prawnik powinien powiedzieć o tym swemu wspólnikowi.

Nie powinno więc dziwić, że kapłani też mają etykę zawodową i że za złamanie jakichś zasad grożą im boskie sankcje.

Młody rabin był zapalonym golfistą. Potrafił wybrać się na krótką partyjkę nawet w czasie Jom Kippur, najważniejszego święta w całym roku.

Pod koniec gry wykonał uderzenie, a powiew wiatru porwał jego piłkę i umieścił ją dokładnie w dołku.

Anioł, który to widział, poskarżył się Bogu:
– Ten facet gra w Jom Kippur, a Ty mu pomagasz umieścić piłkę w dołku przy pierwszym uderzeniu? I to ma być kara?
– Oczywiście, że tak – powiedział z uśmiechem Bóg. – I kto mu teraz uwierzy?

Etyka stosowana jest ciekawa, ale też niejednoznaczna, gdyż często obraca się wokół niełatwego wyboru między dwoma różnymi rodzajami dobra: „Ile jestem winny swojej rodzinie, a ile pracy? Ile swoim dzieciom, a ile sobie? Czy powinienem być bardziej lojalny wobec swego kraju czy ludzkości?". To dzięki takim etycznym dylematom przez tak wiele lat mogły się utrzymywać Abby i Ann Landers*, a obecnie dostarczają one materiałów do rubryki poświęconej etyce, którą prowadzi Randy Cohen** w „New York Timesie".

Następujące pytanie, które Cohen ostatnio umieścił na slate.com, jest jednym z dziesięciu najlepszych, których nigdy nie otrzymał:

„Chociaż jestem zadowolony z mojej obecnej pracy, gdyż dostałem ostatnio awans (jestem nowym *tanem* Cawdoru), to jednak moja żona wciąż chce więcej. Nie twierdzę, że brakuje mi ambicji, ale nie podoba mi się, że aby piąć się w górę, muszę pracować po godzinach, nie szczędząc krwi ani potu. Jednak czy nie powinienem przede wszystkim słuchać żony? Przecież jesteśmy rodziną".

MAKBET, SZKOCJA

---

* Siostry bliźniaczki, prowadzące dział odpowiedzi na listy czytelników w wielu amerykańskich pismach.
** Amerykański pisarz i humorysta.

Wpływ psychoanalizy na etykę filozoficzną

Chociaż Zygmunt Freud nie był filozofem, miał olbrzymi wpływ na etykę filozoficzną – zwłaszcza jego stwierdzenie, że to biologiczne popędy determinują ludzkie zachowanie, a nie sympatyczne, racjonalne filozoficzne zasady. Niezależnie od tego, jak bardzo staramy się wprowadzić racjonalną kontrolę nad naszym życiem – zgodnie z tym, co doradzają nam etycy – to i tak podświadomość zawsze dochodzi do głosu. Na przykład Freudowska pomyłka pojawia się zawsze wtedy, kiedy nieopatrznie zdradzamy nasze podświadome pragnienia. Tak jak wtedy, kiedy jeden z radnych zamiast mówić o retorycznych skutkach wystąpienia pięknej urzędniczki, wspomniał o jej erotycznych sutkach.

Terapeuta pyta pacjenta, jak poszła mu wizyta u matki.
– Fatalnie – odpowiada pacjent. – Popełniłem straszną Freudowską pomyłkę.
– Tak? Jaką?
– Chciałem powiedzieć: „Czy mogę prosić o sól", a powiedziałem: „Ty suko, zrujnowałaś mi życie!".

Freud uznałby, że więcej może się dowiedzieć o tym, co podświadomie wpływa na nasze zachowanie, z jednego snu niż całej naszej etyki.

Pewien facet wbiega do gabinetu terapeuty i przeprasza za spóźnienie.
– Niestety, zaspałem – wyjaśnia zdyszany. – Ale miałem jeden z tych przełomowych snów. Rozmawiałem z matką,

a ona nagle zamieniła się w pana. Kiedy się więc obudziłem, złapałem colę i pączka i przybiegłem tutaj.
— Colę i pączka? — powtarza psychiatra. — I to ma być śniadanie!

Z drugiej strony nawet Freud przyznał, że ograniczanie ludzi do ich popędów nie zawsze jest dobrym pomysłem. Oto jego słynne powiedzenie: „Czasami cygaro jest po prostu cygarem".

Mężczyzna goli się ostrą brzytwą, kiedy ta nagle wypada z rąk i ucina mu penisa. Przerażony narzuca coś na siebie i wkłada go do kieszeni. Następnie łapie taksówkę i każe się wieźć szybko do szpitala.
Po dotarciu na miejsce opowiada chirurgowi, co się stało.
— Proszę mi go dać — mówi chirurg. — Pośpiech jest na wagę złota.
Mężczyzna sięga do kieszeni i podaje mu to, co w niej było.
— Ale przecież to jest cygaro, a nie penis — zauważa lekarz.
— O Boże! — jęczy mężczyzna. — Musiałem go wypalić w taksówce.

Etyka sytuacyjna

Etyka sytuacyjna stała się głośna w latach sześćdziesiątych ubiegłego wieku. Jej zwolennicy twierdzili, że to, czy w jakiejś sytuacji postępujemy etycznie, zależy od połączenia różnych czynników w danej sytuacji. Kim są ludzie, których dotyczy dane zachowanie? Jaki mają udział w jego wyniku? Jaki wpływ będzie miał wynik tych działań na przyszłe zdarzenia? A poza tym, kto o to wszystko pyta? Na przykład w wypadku niewierności, etyk sytuacyjny będzie chciał wiedzieć między innymi, w jakim stanie znajdowało się dane małżeństwo. Jego ocena może być inna, jeśli znajdowało się ono w stanie rozkładu. Przeciwnicy takiego podejścia byli tym oburzeni, gdyż sądzili, że można w ten sposób usprawiedliwić każde, nawet najgorsze postępowanie. Niektórzy z nich przyjęli stanowisko absolutystyczne: niewierność jest zawsze zła, niezależnie od okoliczności.

Paradoksalnie, czasami dzięki temu, że nie zwracamy uwagi na specyficzny charakter danej sytuacji, możemy zrobić coś, co nam pomoże.

Dwaj uzbrojeni bandyci wpadają do banku, każą klientom i obsłudze ustawić się pod ścianą i zaczynają im zabierać portfele i zegarki. Stoją tam między innymi dwaj kasjerzy. Pierwszy z nich wkłada nagle coś w rękę drugiego. Drugi pyta szeptem:
– Co to takiego?
– Pięćdziesiąt dolarów, które ci byłem winien – odpowiada drugi.

Dimitri: Wciąż nie wiem, co jest dobre, a co złe, ale jestem przynajmniej pewny jednego – ważne, by bogowie byli z nas zadowoleni.
Tasso: Na przykład Zeus i Apollo?
Dimitri: Tak. Albo moja ulubiona Afrodyta.
Tasso: Tak, to również moja ulubiona bogini. Jeśli istnieje…
Dimitri: Jeśli istnieje? Lepiej uważaj na to, co mówisz! Widziałem dorodnych mężczyzn, którzy padali rażeni gromem za takie bluźnierstwo!

{v}
Filozofia religii

Bóg, o którego spierają się filozofowie, nie przypomina tego, którego znamy z życia codziennego. Jest on bardziej abstrakcyjny i przypomina raczej „Moc" z „Gwiezdnych wojen". Nie jest on Ojcem z nieba, który przejmuje się naszą dolą.

DIMITRI: Rozmawiałem niedawno z Zeusem. Jego zdaniem, masz na mnie zły wpływ.

TASSO: To zabawne, bo moim zdaniem, to on ma zły wpływ na ciebie.

DIMITRI: Dlaczego?

TASSO: To przez niego wydaje ci się, że głosy, które słyszysz w głowie, są rzeczywiste.

Wiara w Boga

Agnostyk to ktoś, kto nie wierzy, by przy obecnym stanie naszej wiedzy udało się dowieść istnienia Boga, ale nie wyklucza tego, że Bóg jednak istnieje. Tuż za nim pojawia się ateista, który uważa sprawę istnienia Boga za przesądzoną. Jeśli obaj natkną się na płonący krzew, który powie: „Jestem, Który Jestem"*, agnostyk zacznie szukać ukrytego magnetofonu, ale ateista tylko wzruszy ramionami i sięgnie po patyk i kiełbasę.

> Dwaj kumple Irlandczycy siedzą w pubie, kiedy wpada im w oko łysy gość w kącie przy kontuarze.
> Pat: Do licha, czy to nie jest Winston Churchill?
> Sean: Niee, Churchill nie siedziałby w takim pubie.
> Pat: Mówię poważnie. Przyjrzyj no mu się. Założę się o dziesięć funtów, że to Churchill.
> Sean: Dobra, zakład.
> Pat podchodzi więc do łysego faceta.
> Pat: Jesteś Winston Churchill, prawda?
> A łysy facet wrzeszczy: Spieprzaj, ty idioto!
> Pat wraca do kumpla i mówi: No, teraz to już nigdy nie dowiemy się prawdy.

Tak właśnie myśli agnostyk.

Ateiści to zupełnie co innego. Filozofowie już dawno zgodzili się, że dyskusja między ateistami i wierzącymi jest bezowocna. Dzieje się tak dlatego, że obie strony

---

* Wj 3,14. Pismo Święte Starego i Nowego Testamentu, Wydawnictwo Pallottinum, Poznań-Warszawa 1980.

wszystko interpretują zupełnie inaczej. By móc się spierać, trzeba najpierw znaleźć jakieś wspólne przekonania, tak by jeden z oponentów mógł powiedzieć: "Ha, skoro zgadzasz się z x, musisz również zgodzić się z y". Ateiści i wierzący nigdy nie znajdą takiego iksa. Nie mogą więc zacząć sporu, ponieważ wszystko widzą inaczej. Jest to może nieco abstrakcyjne, ale poniższa historyjka powinna pomóc lepiej to zrozumieć.

Pewna wierząca kobieta wychodzi codziennie rano przed dom i woła:
– Chwała Panu!
Po niej wychodzi przed dom ateista i krzyczy:
– Nie ma żadnego Boga!
Ciągnie się to tygodniami. Kobieta woła: "Chwała Panu!", a ateista: "Nie ma żadnego Boga!".
Czas mija, kobieta wpada w tarapaty finansowe i nie może sobie kupić jedzenia. Wychodzi więc przed dom i prosi Boga o jakieś produkty, a następnie woła: "Chwała Panu!".
Następnego ranka znajduje przed domem potrzebne jej produkty. Oczywiście natychmiast wznosi ręce do nieba i woła:
– Chwała Panu!
W tym momencie zza krzaka wyskakuje ateista i mówi:
– Ha! To ja zrobiłem te zakupy. Nie ma żadnego Boga!
Kobieta patrzy na niego z uśmiechem.
– Chwała Ci, Panie! – woła. – Nie tylko dałeś mi te produkty, ale jeszcze zmusiłeś szatana, by za nie zapłacił!

Sam Harris w swoim wydanym w 2005 roku bestsellerze *The End of Faith* (Koniec wiary) opisuje coś, co można uznać za swego rodzaju rutynę, jeśli idzie o wiarę:

„Jeśli powiemy komuś naprawdę wierzącemu, że żona go zdradza albo że mrożony jogurt może spowodować niewidzialność człowieka, zażyczy on sobie takich samych dowodów, jak wszyscy inni, i będzie się na nich opierał przy ocenie tego, co mamy mu do powiedzenia. Ale jeśli powiemy mu, że książka, którą ma przy łóżku, została napisana przez niewidzialne bóstwo, które ukarze go na wieczność, jeżeli nie spełni różnych dziwacznych warunków, wtedy okaże się, że wcale nie potrzebuje na to dowodów".

Harris nie wspomina jednak o złych stronach bycia ateistą – na przykład nie masz do kogo kierować swoich okrzyków, gdy doznajesz orgazmu.

Siedemnastowieczny francuski matematyk i filozof stwierdził, że decyzja na temat istnienia bądź nieistnienia Boga przypomina zakład. Jeśli zdecydujemy się zachowywać tak, jakby Bóg istniał, a na koniec życia okaże się, że jest inaczej, to nie stanie się nic wielkiego. Cóż, być może nie cieszyliśmy się tak, jakbyśmy mogli siedmioma grzechami głównymi, ale to pikuś w porównaniu z tym, co mogłoby się stać. Jeśli zaś założymy, że Boga nie ma, a na koniec życia okaże się, że jednak jest, stracimy całą wieczność. Dlatego według Pascala lepiej żyć tak, jakby Bóg istniał. Na uniwersytetach określa się to mianem „zakładu Pascala". Natomiast normalni ludzie mówią, że zawsze warto się zabezpieczyć.

Zainspirowana *Myślami* Pascala pewna starsza pani idzie do banku z torebką, w której ma sto tysięcy dolarów, i prosi o założenie konta. Ostrożny bankier pyta ją, jak zdobyła te pieniądze.

– Uprawiam hazard – odpowiada kobieta. – Jestem w tym bardzo dobra.

– A czym konkretnie się pani zajmuje? – pyta zaintrygowany mężczyzna.

– Głównie zakładami. Na przykład mogę się z panem założyć o dwadzieścia pięć tysięcy, że jutro do południa będzie pan miał na prawym pośladku wytatuowanego motyla.

– Chętnie bym przyjął ten zakład, ale trochę mi pani szkoda – mówi bankier.

– Cóż, powiedzmy, że jeśli pan się ze mną nie założy, to ja nie otworzę konta w pańskim banku.

– Więc dobrze – mówi, krygując się bankier. – Przyjmuję zakład.

Kobieta wraca następnego dnia w towarzystwie prawnika, który ma być świadkiem. Bankier rozpina pasek, opuszcza spodnie i pokazuje obojgu, że wygrał zakład.

– W porządku, ale czy mógłby się pan jeszcze trochę pochylić, żebyśmy mogli mieć pewność – prosi kobieta.

Bankier posłusznie się pochyla, a kiedy się prostuje i zaczyna ubierać, kobieta wyjmuje z torebki dwadzieścia pięć tysięcy dolarów.

W tym czasie prawnik siada na krześle i zaczyna jęczeć, ukrywszy twarz w dłoniach.

– Co mu jest? – pyta bankier.

– Phi, po prostu nie umie przegrywać. Założyłam się z nim o sto tysięcy dolarów, że dziś o dwunastej pokaże nam pan w swoim biurze goły tyłek.

Czasami trudno rozróżnić zabezpieczenie się od oszustwa. Zastanówmy się na przykład nad taką neopascalowską strategią:

Mężczyzna z papugą na ramieniu bierze udział w nabożeństwie pierwszego dnia Rosz ha-Szana. Następnie zakłada się z paroma osobami, że jego papuga poprowadzi modlitwy lepiej niż kantor. Jednak kiedy ma do tego dojść, papuga milczy. W drodze powrotnej do domu mężczyzna zaczyna łajać papugę i biadolić nad stratą. Ale papuga na to:
— Zastanów się, głupku! Pomyśl o tym, ile możemy zarobić na Jom Kippur!

Cóż, może ta papuga rzeczywiście miała dobry pomysł. Może można zawiesić „zakład Pascala", tak by móc zagrać w niedzielę w golfa, a mimo to zadowolić Boga na wypadek, gdyby istniał! Bóg jeden wie, ile razy tego próbowaliśmy.

Deizm i religia historyczna

Jeśli osiemnastowieczni filozofowie nie byli sceptykami, to zwykle byli deistami i wierzyli w bezosobowego odległego Boga filozofów. Był On bardziej jakąś siłą działającą w świecie niż kimś realnym, bardziej zegarmistrzem niż powiernikiem. Odpowiedzieli na to religijni Żydzi i chrześcijanie. Stwierdzili, że ich Bóg nie jest zwykłym zegarmistrzem. Jest on Panem historii, który wywiódł Izraelitów z Egiptu, pomagał w wędrówce przez pustynię i doprowadził do Ziemi Obiecanej. Innymi słowy, jest On kimś przystępnym, kimś, do kogo można się zwrócić ze swoimi problemami.

Babka Żydówka patrzy na wnuka, który bawi się na plaży, kiedy nagle wielka fala zabiera go do morza. Zaczyna więc prosić:
— Błagam, Panie, ocal mego jedynego wnuka!
Po chwili wielka fala wyrzuca chłopca na piasek.

„Dobrze, więc co miesiąc będziecie otrzymywać nowy zestaw przykazań z możliwością rezygnacji, przy czym wówczas ten pierwszy zestaw jest całkowicie za darmo".

Babka patrzy w stronę nieba i mówi:
— Ale on miał czapeczkę.

Spróbujcie powiedzieć to zegarmistrzowi!

Rozróżnienia teologiczne

Filozofowie na ogół przejmują się wielkimi sprawami, typu: „Czy Bóg istnieje?". A teologowie muszą rozstrzygnąć mniejsze problemy.

Według dwudziestowiecznych filozofów, j a k r ó w n i e ż teologa Paula Tillicha, filozofię religii i teologię dzieli nie tylko wielkość problemów. Tillich uważa, że filozofowie szukają prawdy na temat Boga i spraw z Nim związanych, starając się zachować pełny obiektywizm, natomiast teologowie s ą j u ż w „uścisku wiary". Innymi słowy, filozofowie religii patrzą na Boga i religię od zewnątrz, natomiast teologowie od środka.

W teologii dochodziło do rozłamów z powodu tak poważnych kwestii, jak ta, czy Duch Święty pochodzi tylko od Boga Ojca czy też od Ojca o r a z Syna. Osoby niezorientowane potrzebują tu jakichś wskazówek, ale na szczęście z pomocą spieszą twórcy żartów. Na przykład okazuje się, że kluczem do rozróżnienia wyznania jest to, kto kogo nie uznaje.

Żydzi nie uznają Jezusa.
Protestanci nie uznają papieża.

Baptyści nie uznają za konieczne rozpoznawać innych baptystów w sklepie monopolowym.

Ta ostatnia uwaga ma bardzo praktyczne zastosowanie. Jeśli jedziemy na ryby, nie powinniśmy zabierać ze sobą baptysty, bo wypije nam całe piwo. Chyba że weźmiemy dwóch i wtedy wszystko będzie dla nas.

Inną metodą rozróżniania wyznań jest to, co zasługuje w nich na surową naganę. Dla katolików jest to opuszczenie niedzielnej mszy. Dla baptystów taniec. Dla członków Kościoła episkopalnego jedzenie sałaty widelczykiem do deseru*.

Ale poważnie, między wyznaniami istnieją oczywiście poważne różnice. Na przykład katolicy jako jedyni wierzą w niepokalane poczęcie, co znaczy tyle, że by móc urodzić Chrystusa, Maryja sama musiała być bez grzechu pierworodnego.

Jezus szedł ulicami miasta, gdy nagle zobaczył ludzi, którzy rzucali kamieniami w ladacznicę.

– Kto z was jest bez grzechu, niech pierwszy rzuci w nią kamieniem – rzekł Jezus.

Nagle jakiś kamień przeciął powietrze. Jezus obrócił się do tłumu i pyta:

– Mama?

Wszyscy oczywiście lubią dowcipy o sekciarzach, w których zawierają się też dowcipy kontrreformacyjne. Nie może zabraknąć wśród nich poniższego.

---

* Członkowie Kościoła episkopalnego w Ameryce wywodzą się zazwyczaj z klas wyższych.

Pewien człowiek znalazł się w bardzo złej sytuacji finansowej i zaczął się modlić do Boga, by pozwolił mu wygrać loterię. Mijały jednak dni, a potem tygodnie, a jemu się nie udawało. W końcu zgnębiony zwrócił się do Boga:
— Panie, ty mówisz: „Pukajcie, a będzie wam otworzone. Szukajcie, a znajdziecie". Jestem w strasznej sytuacji, a jeszcze nie udało mi się nic wygrać.

Na to rozległ się głos z nieba:
— To może byś tak przynajmniej kupił los, co?!

Ten człowiek z pewnością był protestantem, który – podobnie jak Marcin Luter – uważał, że zbawia nas sama łaska; nie możemy zrobić nic, by zasłużyć sobie na zbawienie. Natomiast Bóg jest tutaj zwolennikiem katolickiego podejścia z okresu kontrreformacji. Prawdę mówiąc, ten dowcip mógł powstać na soborze trydenckim w 1545 roku, gdzie biskupi zdecydowali, że do zbawienia potrzebna jest wiara i uczynki, modlitwa i los na loterię.

Wszystkie wyznania podzielają natomiast pogląd, że tylko ich teologia pozwala na szybkie zbawienie.

U bram nieba pojawia się jakiś człowiek i święty Piotr zadaje mu pytanie:
— Wyznanie?
— Metodysta – odpowiada ten człowiek.

Święty Piotr patrzy na swoją listę i mówi:
— Idź do sali dwudziestej ósmej, ale nic nie mów, jak będziesz przechodził przez ósmą.

Ktoś jeszcze staje u bram.
— Wyznanie?
— Baptysta.

— Idź do sali osiemnastej, ale dziób na kłódkę w ósmej.
Z kolei pojawia się trzecia osoba.
— Wyznanie?
— Mojżeszowe.
— To będzie sala jedenasta, ale nie odzywaj się, jak będziesz przechodził przez ósmą.
— Mogę zrozumieć, że są tutaj różne sale dla różnych religii – mówi ten człowiek. – Ale dlaczego mam się nie odzywać w ósmej?
— W ósmej mamy świadków Jehowy – wyjaśnia święty Piotr – i wydaje im się, że są tu sami.

Mówi się, że to dziewiętnastowieczny niemiecki filozof Artur Schopenhauer odkrył buddyzm dla filozofii. Podobnie jak Gautama Budda stwierdził, że jedynym lekarstwem na wszystkie cierpienia, walki i rozczarowania tego świata jest rezygnacja – odrzucenie pragnień i wyrzeczenie się woli życia. Obaj też stwierdzili optymistycznie, że rezygnacja prowadzi do świętości i współczucia dla wszystkich stworzeń. Jest więc swoistym kompromisem.

Wiele żydowskich dowcipów wzięło na cel ten ostateczny Schopenhauerowski pesymizm, który często wyraża się w tej kulturze poprzez zwyczajowe narzekanie.

Dwie kobiety siedzą na ławce. Po chwili pierwsza mówi:
— Oj!
— Oj! – odpowiada druga.
Pierwsza na to:
— No dobrze, to dosyć o dzieciach.

Dla Artura Schopenhauera i Buddy życie stanowi bezustanny cykl rozczarowań i nudy. Kiedy nie mamy tego, co chcemy mieć, jesteśmy rozczarowani. Kiedy już to mamy, jesteśmy znudzeni. Dla nich obu najgorsze rozczarowanie pojawia się wtedy, kiedy czujemy, że coś osiągnęliśmy.

Dawno, dawno temu zła wiedźma rzuciła klątwę na pewnego księcia. Klątwa polegała na tym, że książę mógł powiedzieć tylko jedno słowo w ciągu jednego roku. Pozwoliła mu jednak oszczędzać i jeśli nie powiedział nic w ciągu roku, w następnym mógł już użyć dwóch słów.

Pewnego razu poznał piękną księżniczkę i szaleńczo się w niej zakochał. Postanowił więc nic nie mówić, by po roku móc jej powiedzieć: „Moja kochana".

Jednak po tym okresie stwierdził, że musi jeszcze milczeć, by móc jej powiedzieć, że ją kocha. Po trzech latach postanowił, że poprosi ją o rękę, więc musiał czekać jeszcze cztery lata.

W końcu po siedmiu latach milczenia popadł w radosny nastrój. Poprowadził księżniczkę do najpiękniejszego zakątka królewskiego ogrodu, ukląkł przed nią i powiedział:
– Moja kochana. Kocham cię. Czy poślubisz mnie?
– Co takiego? – odpowiedziała księżniczka.

Właśnie takiej odpowiedzi spodziewałby się Schopenhauer.

W szóstym i siódmym wieku naszej ery Chińczycy i Japończycy rozwinęli odmianę buddyzmu, która obecnie przeżywa prawdziwy renesans, a mianowicie zen. Z perspektywy Zachodu filozofia zen jest antyfilozofią. Dla mistrza zen rozum, logika i dane zmysłowe – to wszystko, na czym zbudowano filozofię Zachodu – są jedynie iluzją i tym, co przeszkadza nam w ostatecznym oświeceniu. Jak więc można osiągnąć oświecenie?

Zastanówmy się nad następującymi pytaniami:

- Jaka jest różnica między kaczką?
- Jak brzmi klaśnięcie jedną ręką?

Oba wywołują reakcję typu: „Ee?". Trudno nam znaleźć na nie jakąkolwiek odpowiedź. Jednak o ile pierwsze można zaliczyć do szkolnych nonsensów, to drugie stanowi klasyczny *koan* zen.

Koan to zagadka lub historia, która – jeśli opowiedziana przez mistrza – może poprzez szok doprowadzić ucznia do stanu nagłego oświecenia, zwanego *satori*. W tym stanie świadomości znikają wszystkie różnice i oceny codziennego życia, pozostawiając głębokie poczucie jedności wszechświata i wszystkich jego doświadczeń. Odpowiedź zen na pytanie o klaskanie jedną ręką nie przypomina nic dosłownego czy naukowego, jak na przykład: „Cichy odgłos przy zginaniu dłoni". Nie, odpowiedź zen to: „Och!". Koany całkowicie nas zaskakują, prowadząc do oświecenia poprzez doprowadzenie naszego umysłu do stanu pomieszania. Wystarczy wyjść poza to i, bingo!, mamy *satori*.

Pewien znany i lubiany *koan* mówi:

Zanim zacząłem szukać oświecenia, góry były górami, a rzeki rzekami.

Kiedy szukałem oświecenia, góry nie były górami, a rzeki nie były rzekami.

> Po tym jak osiągnąłem *satori*, góry były górami, a rzeki rzekami.

Ludzie Zachodu nie mają zwykle problemów ze zrozumieniem tego, iż oświecenie nie oznacza jakiegoś niedostępnego stanu świadomości. Kłopoty zaczynają się dopiero przy pojęciu tego, że oświecona świadomość może być jednocześnie zwyczajna i transcendentalna, a to przecież stanowi sedno przytoczonego *koanu*. Takie rzeczy się po prostu czuje albo nie, a nam nie idzie to najlepiej.

Powstaje zatem pytanie, czy pytanie o różnicę między kaczką można potraktować jako zachodni *koan*. W końcu bazuje ono na tym, co nielogiczne i nieracjonalne, i wprowadza umysł w stan pomieszania. Ale sądząc po reakcjach na to pytanie – a stanowią one podstawowy test przy koanach – musimy odpowiedzieć przecząco. Ktoś może przy tym zaśmiać się lub zachichotać, ale nie osiągnie *satori*.

Niestety, może to wynikać z różnic kulturowych. Większość z nas po prostu nie może zrozumieć wschodniej zasady, że jeśli nie możemy czegoś zrozumieć, to znajdujemy się na drodze do oświecenia. Dlatego pozostają nam kiepskie zachodnie pseudo-koany:

> Jeśli masz lody, to ci je dam.
> Jeśli nie masz lodów, to je od ciebie zabiorę.

Oto *koan* o lodach.

Najbardziej znane koany stały się częścią mądrości zen i przekazuje się je z pokolenia na pokolenie. Na przykład Hui-neng, szósty patriarcha zen z siódmego wieku, zadał słynne pytanie: „Jak wyglądała twoja twarz przed twoim urodzeniem?". A trener Lakersów z Los Angeles, Phil Jackson, zwany „Zenmeister", dorzucił swoją mądrość, mówiąc: „Jeśli będziesz miał Buddę na skrzydle, podaj mu piłkę".

Filozofia szaleństwa

Filozofia szaleństwa pojawiła się pod koniec lat sześćdziesiątych i zbiegła się w czasie z ogłoszeniem przez profesora Uniwersytetu Harvarda, że magiczne grzybki stanowią drogę do oświecenia. Znana jako filozofia New Age stanowi ona zlepek dawnych filozofii Wschodu i niektórych praktyk średniowiecznych, takich jak astrologia, gra w tarota czy kabała. Stwierdzenia „afirmacyjne", takie jak: „Stanowię jedno z moją dwoistością" albo „Od kiedy nauczyłem się ufać Procesowi, nie muszę już nosić broni", również stanowią ważną część filozofii New Age. Przypomina nam to pewną kobietę, która podeszła po wykładzie do poety Samuela Taylora Coleridge'a i powiedziała: „Wie pan, pogodziłam się ze wszechświatem". Poeta spojrzał na nią znad swoich okularów i stwierdził: „Mój Boże, tak na pewno będzie lepiej dla pani!".

Na szczęście mamy mistrzów żartu, którzy pomogą nam rozświetlić mroki filozofii New Age.

Ilu wyznawców New Age trzeba, by zmienić żarówkę? Żadnego. Wystarczy po prostu stworzyć grupę wsparcia o nazwie: „Poradzimy sobie z ciemnością".

Nowość stanowią dowcipy o wierzeniach filozofów New Age na temat pozaziemskich cywilizacji, których przedstawiciele nie tylko nas odwiedzają, ale zapraszają ludzi na swoje statki na kolacje przy świecach. Tylko satyryk może wyciągnąć z tego tak daleko idące wnioski.

Pewien Marsjanin musiał przymusowo lądować na Brooklynie. Po sprawdzeniu swego talerza (latającego) stwierdził, że zepsuła się bardzo ważna część – truwer. Idzie więc do sklepu spożywczego i pyta sprzedawcę, gdzie może dostać truwer.
– A jak on wygląda? – pyta sprzedawca.
– Jest okrągły, twardy na zewnątrz, ale miękki w środku – odpowiada Marsjanin. – Aha, i ma dziurkę.
– To wygląda na obwarzanek – mówi na to sprzedawca. – Niech pan spojrzy.
– Doskonały! – cieszy się Marsjanin. – Do czego ich tutaj używacie?
– Być może trudno będzie panu w to uwierzyć, ale po prostu je jemy.
– Żartuje pan! – mówi Marsjanin. – Jecie truwery?
– No, może pan spróbuje – zachęca sprzedawca.
Marsjanin patrzy na niego z powątpiewaniem swoim jednym okiem, ale w końcu nadgryza obwarzanek.
– Hej – mówi – z odrobiną masła wcale nie byłby taki zły.

Innym elementem filozofii New Age jest fascynacja zjawiskami paranormalnymi, takimi jak dar jasnowidzenia. Wielu filozofów Old Age (czyli racjonalistów) uważa, że tego typu zjawiska można racjonalnie wyjaśnić.

– Mój dziadek znał dokładną datę i czas swojej śmierci.
– Och, jakiż to był oświecony człowiek! Jak do tego doszedł?
– Sędzia mu powiedział.

Trochę to przyciężkie!

DIMITRI: Nadal dręczy mnie jedno pytanie: Czy jeśli Zeus nie istnieje, to Posejdon wciąż jest jego bratem?
TASSO: Wiesz co, Dimitri, albo jesteś oświeconym buddystą, albo spadła ci na głowę cegła z sufitu w amfiteatrze.

{VI}
Egzystencjalizm

*„Egzystencja poprzedza esencję". Jeśli ktoś zgadza się
z tym stwierdzeniem, jest egzystencjalistą. Jeśli nie,
wciąż egzystuje, ale bez egzystencjalizmu.*

DIMITRI: Wiesz, Tasso, muszę przyznać, że czasami chciałbym być taki jak ty.
TASSO: Ależ możesz. Według egzystencjalistów sami tworzymy siebie! Będziesz taki, jakim siebie stworzysz.
DIMITRI: To świetnie, bo zawsze chciałem być twego wzrostu.

By móc zająć się egzystencjalizmem, powinniśmy się czegoś dowiedzieć o dziewiętnastowiecznym Heglowskim absolutyzmie. Głosił on, że jedyny prawdziwy obraz życia możemy uzyskać, patrząc z zewnątrz do jego wnętrza. Czy to nie Rodney Dangerfield* powiedział, że „jedną

---

* Amerykański komik, który grał despotycznego ojca w serialu *Natural Born Killers*. Jego słynny slogan brzmi: „Wymagam respektu".

z najśmieszniejszych rzeczy jest napięcie, jakie powstaje między Heglowskim absolutem a ludzkim wyobcowaniem egzystencjalnym"? Zapewne nie. Ale gdyby to zrobił, poniższy znany żart doskonale ilustrowałby tę tezę.

Pewien mężczyzna kocha się z żoną swojego najlepszego przyjaciela, kiedy oboje słyszą, że na podjeździe zatrzymał się jego samochód. Mężczyzna chowa się więc do szafy. Nowo przybyły otwiera drzwi szafy, żeby powiesić marynarkę, i widzi nagiego przyjaciela.
— Lenny! — mówi. — Co ty tu robisz?
Lenny wzrusza nieśmiało ramionami.
— Każdy musi gdzieś być.

Oto heglowska odpowiedź na egzystencjalistyczne pytanie. Mąż chce wiedzieć, dlaczego to właśnie Lenny znajduje się nagi w jego szafie. Ale jego domniemany przyjaciel ze znanych tylko sobie powodów postanawia odpowiedzieć na inne pytanie: „Dlaczego ktoś jest gdzieś, a nie nigdzie?". To pytanie ma sens tylko wtedy, kiedy jest się szalenie poważnym, by nie powiedzieć pompatycznym, filozofem, takim jak Hegel.

Georg Wilhelm Friedrich Hegel utrzymywał, że historia jest rozwijającym się w czasie „absolutnym duchem". Duch jakichś czasów (powiedzmy, sztywny konformizm lat pięćdziesiątych) tworzy własną antytezę (ruch hipisowski z lat sześćdziesiątych), a ich zderzenie nową syntezę (tak zwanych plastikowych hipisów z lat siedemdziesiątych, bankierów z Wall Street ściętych na Beatlesów).

I tak to trwa, dialektyka tezy / antytezy / syntezy (która staje się nową tezą) i tak dalej.

Hegel uważał, że jest ponad historią i patrzy na „to wszystko" z transcendentalnego punktu widzenia. Nazwał ten odległy punkt widzenia absolutem. Wszystko wydawało się stamtąd w porządku. Wojny? Po prostu dialektyczne przejście. Epidemie? Kolejne przejście. Niepokój? Nie ma się czym przejmować. Dialektyka wciąż jest w ruchu i nic na to nie można poradzić. Tylko czekać i obserwować. Georg Wilhelm Friedrich Hegel uważał, że patrzy na historię z punktu widzenia Boga!

Przypomnijmy sobie stary przebój Bette Midler, *From a Distance*, w którym artystka patrzy na świat właśnie z dystansu i stwierdza, że jest on pełen harmonii i fajny. Jest to również punkt widzenia Hegla. Na końcu piosenki okazuje się, że to sam Bóg patrzy przez ramię piosenkarki. I kto by pomyślał, że Bette Midler jest heglistką.

Zaraz jednak zajął się tym współczesny Heglowi Søren Kierkegaard i porządnie się wkurzył. „Co z tego, że wszystko wygląda dobrze z punktu widzenia absolutu?" – pytał Kierkegaard. Nie jest to jednak i nie może być punkt widzenia e g z y s t u j ą c y c h na świecie j e d n o s t e k. Od tego stwierdzenia zaczyna się egzystencjalizm. „Ja nie jestem Bogiem" – stwierdził Kierkegaard. „Jestem jednostką. Kogo obchodzi to, jak spokojne wydaje się nasze życie, kiedy patrzymy na nie z olbrzymiego dystansu? Jestem tutaj pośród bojaźni i drżenia. Ja. A jeśli wszechświat toczy się i nie można go zatrzymać, obawiam się, że przetoczy się po m n i e!".

Więc jeśli to Kierkegaard odkryje ciebie w swojej szafie i zapyta: „Co ty tutaj robisz?", nie odpowiadaj: „Każdy musi gdzieś być". Nasza rada – improwizuj!

Myśl Kierkegaarda na temat groźnej izolacji jednostki podjął dwudziestowieczny francuski filozof Jean-Paul Sartre i wyprowadził z niej implikacje, dotyczące ludzkiej wolności i odpowiedzialności. On sam ujął to w słowach: „egzystencja poprzedza esencję", co znaczyło, że ludzie nie mają wcześniej określonej esencji, w przeciwieństwie do na przykład wieszaków. Najpierw jesteśmy, a potem dopiero jesteśmy jacyś, więc zawsze dysponujemy wolnością, by siebie zmieniać.

Jean-Paul Sartre miał wyłupiaste oczy i ogólnie nie był zbyt przystojny. Dlatego mógł się obruszyć, kiedy jego kolega egzystencjalista Albert Camus rozwinął jego myśl na temat ludzkiej wolności, mówiąc: „Niestety, w pewnym wieku zaczynamy ponosić odpowiedzialność za naszą twarz". O dziwo, Camus bardzo przypominał Humphreya Bogarta.

Jeśli patrzymy na siebie wyłącznie jak na przedmioty o określonej tożsamości, przestajemy istnieć. Dzieje się tak na przykład, gdy identyfikujemy się z jakąś społeczną rolą. Jest to, zdaniem Sartre'a, *mauvaise foi*, zła wiara, a to już niedobrze.

Sartre obserwuje kelnera w restauracji i zauważa, że bycie kelnerem polega na u d a w a n i u kelnera. Kelnerzy uczą się, jak być kelnerem, naśladując kelnerów. Kelnerzy chodzą w określony sposób, odpowiednio też zwracają się do klientów, pozwalając sobie na trochę poufałości, ale też zachowując dystans, i tak dalej. Jest dobrze, dopóki kelner zdaje sobie sprawę z tego, że tylko gra pewną rolę. Wszyscy jednak znamy kelnerów, którzy wierzą, że są kelnerami i że to stanowi ich esencję. *Très mauvaise foi!*

W żartach bardzo często naśmiewamy się z tendencji do bezmyślnego i przesadnego identyfikowania się z postawami lub wartościami jakiejś grupy społecznej. A to z kolei przypomina posunięcie filozoficzne: *reductio ad absurdum*.

Reductio ad absurdum to rodzaj logicznego dowodu, który polega na znajdowaniu najdalej idących, absurdalnych konsekwencji jakiegoś założenia, a następnie na stwierdzeniu, że prawdziwe musi być jego przeciwieństwo. Pewien popularny ostatnio tok myślenia wygląda następująco: „Jeśli pozwolimy, by małżeństwa zawierały osoby tej samej płci, co nas powstrzyma od pozwolenia na małżeństwa ludzi z na przykład platanami?".

W poniższym dowcipie, odwołującym się do *reductio ad absurdum*, Icek pokazuje, że zła wiara związana z utożsamieniem się z jakąś grupą może też mieć zupełnie inne przesłanki.

Mosze wybrał się na spacer ze swoim kumplem Ickiem. Mijają właśnie kościół katolicki, gdzie wisi plakat: „Tysiąc dolarów dla wszystkich, którzy się nawrócą". Icek decyduje, że zajrzy do środka i zobaczy, o co chodzi. Mosze czeka na zewnątrz. Mija kilka godzin. W końcu Icek wychodzi z kościoła.

– No i co? – pyta Mosze.
– Nawróciłem się – odpowiada Icek.
– Naprawdę? I co, dali ci tysiaka?
– Czy wy, ludzie małej wiary, tylko o tym myślicie?

(No dobra, to nie jest politycznie poprawne. Jesteśmy filozofami, więc możecie nas pozwać do sądu.)

Z drugiej strony wykazujemy również złą wiarę, kiedy wydaje nam się, że dysponujemy n i e o g r a n i c z o n ą wolnością.

Dwie krowy stoją na polu. Jedna pyta drugą:
– Co sądzisz o chorobie szalonych krów?*
– Nic mnie nie obchodzi – odpowiada druga. – Przecież jestem helikopterem.

Dla filozofów egzystencjalnych p r a w d z i w y lęk, nazywany przez nich *angst* ze względu na gorycz zawartą w tym słowie, nie jest symptomem choroby. Nie, jest to zwykła ludzka odpowiedź na to, czym jest w swej istocie ludzka kondycja: śmierć, niemożność pełnego osiągnięcia zamierzonego celu i zagrożenie poczuciem bezsensu. Tyle wystarczy, by nawrócić się na cudowne grzybki i zapomnieć o egzystencjalizmie.

Egzystencjaliści rozróżniają lęk lub niepokój egzystencjalny, związany na przykład ze śmiercią, który – ich zdaniem – stanowi część ludzkiej kondycji, oraz zwykły niepokój neurotyczny, taki jak w przypadku Normana:

---
* Tłumaczenie dosłowne z ang. *mad cow disease*. Chodzi oczywiście o chorobę wściekłych krów.

Norman zaczął ciężko oddychać, gdy tylko zobaczył lekarza.
- Jestem pewny, że mam chorą wątrobę – powiedział.
- Ależ to śmieszne – rzekł lekarz. – Nigdy nie wiemy, że mamy chorą wątrobę. Nic nam przecież wtedy nie dolega.
- No właśnie! – wykrzyknął Norman. – A ja mam takie objawy.

Dwudziestowieczny niemiecki filozof Martin Heidegger odpowiedziałby: I ty to uważasz za lęk, Norman? Niewiele jeszcze przeżyłeś. A kiedy mówię: „przeżyłeś", chodzi mi o ciągłe, bezustanne myślenie o śmierci! Heidegger posunął się do tego, iż stwierdził, że ludzkie życie jest „byciem-do-śmierci". By żyć autentycznie, musimy stawić czoło faktowi własnej śmiertelności i wziąć na swoje barki odpowiedzialność za to, by żyć autentycznie w cieniu śmierci.

Trzej przyjaciele zginęli w wypadku i teraz spotykają się na wieczorku zapoznawczym w niebie. Niebiański kaowiec pyta ich, co chcieliby usłyszeć, kiedy rodzina i przyjaciele zgromadzą się przy ich trumnie.
- Mam nadzieję – zaczyna pierwszy – że powiedzą, iż byłem dobrym lekarzem i ojcem rodziny.
- A ja, że jako dyrektor bardzo pomogłem dzieciom – odpowiada drugi.
- A ja chciałbym usłyszeć – odpowiada trzeci – jak ktoś przy mojej trumnie mówi: „Popatrzcie, przecież on się rusza!".

Heideggerowi nie chodzi tylko o to, że żyjąc w cieniu śmierci, jesteśmy odważniejsi; jest to po prostu jedyny

„Czy myślałeś kiedyś o tym, żeby zostać kaczką?"

Ten rysunek obrazuje ograniczenia naszej wolności. Człowiek może się zastanawiać nad tym, by zostać świadkiem Jehowy, i ma to sens, ale nie może racjonalnie zastanawiać się nad tym, czy nie zostać kaczką.

Poza tym kryje się w nim też inna egzystencjalistyczna zagadka: za kogo, do licha, uważają się te cholerne kaczki?

autentyczny sposób życia, ponieważ w każdej chwili może przyjść nasza kolej.

> Pewien mężczyzna zapytał wróżkę, jakie jest niebo. Wróżka popatrzyła w swoją kryształową kulę i mówi:
> – Hm, mam dla ciebie dobrą i złą wiadomość. Ta dobra jest taka, że w niebie jest aż siedem niezwykle pięknych pól golfowych.
> – Świetnie! A jaka jest zła?
> – Że masz tam zagrać jutro o ósmej trzydzieści.

Wciąż mamy opory? Więc może przekona nas ta historyjka.

> Malarz: Jak tam sprzedają się moje obrazy?
> Marszand: Cóż, mam dla ciebie dwie wiadomości, jedną dobrą, a drugą złą. Wczoraj był u mnie pewien człowiek i spytał, czy uważam, że twoje prace zyskają na wartości po twojej śmierci. Kiedy odpowiedziałem, że tak, kupił wszystko, co miałem w galerii.
> Malarz: To świetnie. A jaka jest zła wiadomość?
> Marszand: To był twój lekarz.

Jednak co jakiś czas zdarza się historia, która wyśmiewa nasz lęk przed śmiercią. Gilda Radner miała tyle odwagi, by opowiedzieć taki właśnie dowcip przed publicznością po tym, jak zdiagnozowano u niej raka.

> Pewna chora na raka kobieta usłyszała od swego onkologa:
> – Cóż, wydaje mi się, że to już koniec. Zostało pani osiem godzin życia. Może pani iść do domu i wykorzystać jak najlepiej ten czas, który pani pozostał.

Po powrocie do domu mówi o tym mężowi i proponuje:
– Wiesz, kochanie, po prostu kochajmy się przez całą noc.
– Hm, nie bardzo mam ochotę na seks – odpowiada jej mąż.
– Czasami po prostu nie jestem w nastroju.
– Ależ proszę. To moje ostatnie życzenie.
– No wiesz, nie mam ochoty.
– Błagam!
– Dobrze ci mówić – mruczy mąż. – Ty potem nie musisz wstawać rano.

Nacisk, jaki kładli egzystencjaliści na lęk przed śmiercią, zapoczątkował ruch budowy hospicjów, oparty na filozofii dwudziestowiecznego bioetyka doktor Elisabeth Kübler-Ross, która nakłaniała do uczciwego zaakceptowania śmierci.

Klient w restauracji: Jak przygotowujecie te kurczaki?
Kucharz: Och, nic szczególnego. Po prostu mówimy im, że muszą umrzeć.

TASSO: Z czego się śmiejesz? Przecież mówię o lęku przed śmiercią. To wcale nie jest zabawne.
DIMITRI: Ale są jeszcze gorsze rzeczy.
TASSO: Gorsze od śmierci? Co takiego?
DIMITRI: Czy może spędziłeś kiedyś cały wieczór z Pitagorasem?

{VII}
Filozofia języka

Kiedy były prezydent William Jefferson Clinton
odpowiedział w czasie przesłuchania:
„Wszystko zależy od tego, jaka jest nasza
definicja słowa «jest»", uprawiał filozofię języka.
Możliwe też, że robił inne rzeczy.

DIMITRI: Wydaje mi się, że w końcu zaczynam rozumieć twoje gierki, Tasso. Ta cała filozofia to zabawa ze słowami.

TASSO: Właśnie! Nareszcie udało nam się coś ustalić.

DIMITRI: Więc przyznajesz! Filozofia to tylko semantyka!

TASSO: Tylko semantyka? A jak inaczej można by filozofować? Za pomocą pochrząkiwań i chichotania?

Filozofia zwykłego języka*

Ludwig Wittgenstein i jego naśladowcy z Uniwersytetu Oksfordzkiego w połowie dwudziestego wieku twierdzili, że klasyczne pytania filozoficzne: o wolną wolę, istnienie Boga i tak dalej, są zagadkowe, gdyż zadaje się je, korzystając z pełnego zamieszania i wprowadzającego zamieszanie języka. Oni zaś uznali, że jako filozofowie muszą rozsupłać językowe węzły, zadać te pytania na nowo i doprowadzić do czegoś równie dobrego jak rozwiązanie zagadek, a mianowicie – do tego, by się ich pozbyć.

Na przykład Kartezjusz w siedemnastym wieku stwierdził, że ludzie składają się z umysłu i ciała, a umysł jest czymś w rodzaju „ducha w maszynie". Następnie filozofowie zaczęli się zastanawiać, czym jest ten duch. Uczeń Wittgensteina z Oksfordu, Gilbert Ryle powiedział w końcu: „To pytanie jest źle postawione! Duch nie jest niczym materialnym. Jeśli przyjrzymy się tym tak zwanym mentalnym zdarzeniom, zauważymy, że te słowa opisują tak naprawdę zachowania. Nic nie stracimy, jeśli odrzucimy słowo na oznaczenie «miejsca», z którego pochodzi zdarzenie". Sprawa załatwiona, Gilbert.

Młode małżeństwo z poniższego dowcipu najwyraźniej powinno zadać pytanie w inny sposób.

Młodzi małżonkowie, którzy wprowadzili się do domku, postanowili wytapetować jadalnię. Zajrzeli więc do sąsiada, który miał jadalnię tej samej wielkości, i zapytali:
– Ile rolek tapety pan kupił, kiedy tapetował pan jadalnię?
– Siedem – odpowiedział sąsiad.

---

* Filozofia lingwistyczna.

Kupili więc siedem rolek drogiej tapety i zabrali się do pracy. Jednak zużyli tylko cztery rolki. Rozżaleni udali się więc do sąsiada.

– Poszliśmy za pańską radą, ale zostały nam jeszcze trzy rolki tapety!

– Aa, więc wam też – powiedział sąsiad.

Kiedy pisarka Gertrude Stein umierała, pochyliła się nad nią jej partnerka Alice B. Toklas i szepnęła do ucha:
– *Jaka jest odpowiedź, Gertrude?*
– *A jakie jest pytanie?* – *odpowiedziała Stein.*

Wittgenstein złożył wszystkie błędy filozofii Zachodu na karb czegoś, co nazwał „zauroczeniem językiem". Chodziło o to, że słowa potrafią nas oszukiwać, przez co źle nazywamy nasze doświadczenia. Mamią nas gramatyczne formy zdań, w których pojawiają się filozoficzne pytania. Na przykład w swoim *opus magnum Bycie i czas* Heidegger omawiał „nic", jakby oznaczało ono jakąś dziwną r z e c z. Oto podobny przykład językowej konfuzji:

– Freddy, mam nadzieję, że dożyjesz stu lat i jakichś trzech miesięcy.
– Dzięki, Alex. Ale skąd te trzy miesiące?
– Po prostu nie chciałbym, żebyś zmarł nagle.

Jeśli wydaje nam się, że Alex jest „zauroczony językiem", to co powiemy o Garwoodzie z poniższej historii?

Garwood idzie do psychiatry, któremu skarży się, że nie może znaleźć dziewczyny.
– Nic dziwnego – mówi psychiatra. – Strasznie pan cuchnie!
– Widzi pan, to z powodu mojej pracy. Pracuję w cyrku, muszę chodzić za słoniem i sprzątać jego odchody. Mogę się myć godzinami, a smród i tak zostaje.
– Więc niech pan zmieni pracę – radzi psychiatra.
– Zwariował pan? – pyta retorycznie Garwood. – Mam zrezygnować z pracy w show-biznesie?!

Garwood pomylił znaczenie określenia „show-biznes", które w jego przypadku oznacza sprzątanie po słoniu, z innym znaczeniem, gdzie najważniejsze jest bycie w świetle jupiterów.

Według filozofów zwykłego języka, język ma wiele celów i korzysta się z niego w różny sposób w różnych kontekstach. Filozof z Oksfordu, John Austin, zauważył, że powiedzenie: „Obiecuję" to w sensie językowym coś zupełnie innego niż „Maluję". Jeśli mówimy: „Maluję", nie jest to jednoznaczne z malowaniem w tej chwili, ale kiedy mówimy: „Obiecuję", to właśnie o b i e c u j e m y. Używanie języka w odpowiednich kontekstach językowych, w innych nieodpowiednich kontekstach językowych prowadzi do filozoficznego pomieszania i tworzenia pseudo-zagadek, znanych jako historia filozofii.

Filozofowie zwykłego języka uważali, że ciągnące się od wielu wieków problemy z istnieniem Boga wynikają z tego, że próbuje się przedstawić pytanie w językowych ramach faktu. Stwierdzili oni, że język religijny jest innym rodzajem języka. Niektórzy uznali go za język ewaluacyjny, taki, jakiego używają krytycy filmowi. Stwierdzenie: „Wierzę w Boga" oznacza tak naprawdę, że: „Uważam, że pewne wartości są naprawdę dobre". Inni stwierdzili, że język religijny wyraża uczucia: „Wierzę w Boga" to tyle, co: „Kiedy myślę o wszechświecie, to mam gęsią skórkę!". Żaden z tych alternatywnych języków nie powoduje jednak takiego filozoficznego zamieszania, jak stwierdzenie: „Wierzę w Boga". Puf! I nie ma zagadki! Można zapomnieć o dwóch i pół tysiącu lat filozofii religii.

W poniższej historii Goldfinger i Fallaux mówią najwyraźniej w dwóch różnych kontekstach językowych. W dodatku sprawę utrudnia to, że posługują się innymi językami.

> Goldfinger odbywa podróż transatlantykiem. Pierwszego wieczoru dostaje miejsce koło pana Fallaux, Francuza, który wznosi kieliszek i mówi do niego:
> – *Bon appétit!*
> Goldfinger wznosi swój i odpowiada:
> – Goldfinger!
> Ten rytuał powtarza się codziennie niemal przez całą podróż. W końcu jednak steward nie może wytrzymać i wyjaśnia Golfingerowi, że *bon appétit* znaczy po francusku „smacznego".
> Zawstydzony Goldfinger nie może doczekać się następnej kolacji, by naprawić swój błąd. A potem sam pierwszy wznosi kieliszek i mówi:
> – *Bon appétit!*
> – Goldfinger! – odpowiada Francuz.

Historie, w których bohaterowie korzystają z innych wzorców językowych pokazują, jak może to doprowadzić do problemów komunikacyjnych.

Tommy idzie do spowiedzi i wyznaje:

– Zgrzeszyłem, proszę księdza, uczynkiem. Zadawałem się z kobietą lekkich obyczajów.

– To ty, Tommy? – pyta ksiądz.

– Tak, proszę księdza.

– O którą chodzi, Tommy?

– Wolałbym nie mówić, proszę księdza.

– Czy to była Bridget?

– Nie, proszę księdza.

– Colleen?

– Nie, proszę księdza.

– Może Megan?

– Nie, proszę księdza.

– Cóż, Tommy, za pokutę masz odmówić cztery razy Ojcze nasz i cztery razy Zdrowaś Mario.

Kiedy Tommy odchodzi od konfesjonału, jego przyjaciel Pat pyta, jak mu poszło.

– Doskonale – odpowiada Tommy. – Dostałem tylko cztery ojczenasze, cztery zdrowaśki i trzy świetne namiary.

W kolejnej historyjce ksiądz jest zamknięty w rozumieniu swoich ram językowych dotyczących spowiedzi i nie potrafi dostrzec innych możliwości.

Pewien mężczyzna przyszedł do konfesjonału i powiedział:

– Proszę księdza, mam siedemdziesiąt pięć lat, a wczoraj kochałem się **jednocześnie** z dwiema dwudziestoletnimi dziewczynami.

– Kiedy ostatnio był pan u spowiedzi? – pyta ksiądz.

– Nigdy – odpowiada mężczyzna. – Jestem Żydem.

— Więc dlaczego mi pan to mówi? — pyta ksiądz.
— Bo mówię wszystkim!

Wiele dowcipów wykorzystuje zasadę *double entendres*, kiedy to jakieś zdanie lub jego fragment ma zupełnie inne znaczenie w zależności od językowego kontekstu. Właśnie na tym zderzeniu dwóch kontekstów polega dowcip.

W barze gra pianista, a jego małpa zbiera po każdym utworze napiwki. Podczas któregoś utworu małpa wskakuje na kontuar, podchodzi do jednego z klientów i zanurza genitalia w szklance z jego drinkiem. Urażony klient idzie do pianisty.
— No, teraz twoja małpa wsadziła swoje jaja do mojego drinka.
— Nie, nie pamiętam tego — mówi pianista. — Ale jak mi pan zanuci początek, to zaraz sobie przypomnę.

W wielu zagadkach chodzi o stworzenie wrażenia, że znajdujemy się w jakimś określonym kontekście językowym, kiedy tak naprawdę jesteśmy w zupełnie innym.

— Który z trzech terminów nie pasuje do pozostałych: opryszczka, biegunka czy mieszkanie w Cleveland?
— Jasne, że mieszkanie.
— Nie, biegunka. Bo tylko jej można się pozbyć.

Zazwyczaj krytykowano filozofię zwykłego języka jako zabawę ze słowami, ale Wittgenstein twierdził, że pomieszanie kontekstów językowych może prowadzić do poważnych błędów.

Billingsley wybrał się z wizytą do szpitala, by odwiedzić umierającego przyjaciela Hatfielda. Kiedy stanął przy jego łóżku, Hatfieldowi gwałtownie się pogorszyło i gestami dał znać, że prosi o kartkę i coś do pisania. Billingsley podał mu długopis i kartkę, a Hatfield resztkami sił coś na niej napisał. Ledwo skończył, zaraz umarł. Billingsley schował kartkę do kieszeni, nie czując się na siłach, by ją od razu przeczytać.

Parę dni później Billingsley rozmawiał z członkami rodziny zmarłego przyjaciela w czasie stypy i przypomniał sobie o notatce, którą wciąż miał w kieszeni marynarki. Dlatego zaraz zwrócił się do wszystkich:

– Hat przekazał mi swoją ostatnią wiadomość. Znając go, wiem, że są to słowa otuchy dla nas wszystkich. – I przeczytał głośno: – Stoisz na rurce od tlenu!

Na ironię zakrawa fakt, że ruch filozoficzny, który kładzie nacisk na precyzyjne użycie języka, jest tak wyśmiewany przez samych Anglików z powodu tego, że nie radzi sobie z tym językiem.

Jeden z parafian Kościoła anglikańskiego odwiedził swego proboszcza i powiedział:

– Słyszałem ostatnio zabawny limeryk, ale muszę księdza ostrzec, że jest trochę pieprzny.

– Nic nie szkodzi – mówi proboszcz. – Czasami można sobie pozwolić na odrobinę rubaszności.

– Dobrze, oto ten limeryk:

Młodzieniec imieniem Tobiasz
Zaprosił raz damę na obiad,
Usiedli, wypili

I nagle po chwili
Ten znalazł się w niej bez słowa.

– Co się w niej znalazło? Obiad?
– Nie, proszę księdza, Tobiasz. To Tobiasz się w niej znalazł.
– Och! Bardzo zabawne!
Parę tygodni później proboszcza odwiedził biskup.
– Wasza eminencjo – powiedział proboszcz – słyszałem niedawno od jednego parafianina pewien dowcip. Tyle że jest on trochę nieprzyzwoity. Czy mogę go waszej eminencji opowiedzieć?
– Proszę bardzo – odparł biskup.
– To było tak – zaczął proboszcz:

Młodzieniec imieniem Danek
Zaprosił raz damę na danie,
Usiedli, wypili
I nagle po chwili
Bez słowa znalazło się na niej.

– Na niej? – spytał biskup. – Co było na niej? To danie?
– Nie, księże biskupie, ten Danek i jeszcze jeden, taki nieznajomy, który nazywał się Tobiasz.

Czy ci ludzie posługują się filozofią zwykłego języka?

Językowy status nazw własnych

W ciągu ostatnich pięćdziesięciu lat filozofia stała się jeszcze bardziej techniczna. Mniej zajmuje się ona obecnie szerokimi kwestiami związanymi z wolną wolą lub istnieniem Boga,

„Nigdy nie powiedziałem: «Kocham cię»,
tylko «Kocham c i e m». To duża różnica".

Mamy tu smutną rozmowę między Wittgensteinem i bardziej tradycjonalistyczną filozofką, łatwo rozpoznawalną dzięki tradycyjnemu sznurowi pereł. Zauważmy, że tradycjonalistka uznaje wyrażenia „Kocham cię" i „Kocham ciem" za równoważne.

Jednak Wittgenstein czuje się zmuszony, by ją poprawić, wyjaśniając, że znaczenie słów określają zasady ich użycia. Ponieważ obu wyrażeń: „Kocham cię" i „Kocham ciem" używa się inaczej w zwykłym języku, mają zatem różne znaczenia, a przez to różne społeczne implikacje.

a bardziej problemami związanymi z logiczną i językową klarownością. Nie chcemy podawać nazwisk, ale niektórzy z tych filozofów stracili nad tym panowanie – jak ostatnio ci, których zaintrygowało znaczenie nazw własnych. Bertrand Russell uważał, że nazwy własne są skróconymi opisami. Na przykład „Michael Jackson" to „piosenkarz o jasnej cerze z niesamowicie zrobionym nosem".

Współczesny filozof posługujący się kryptonimem „Saul Kripke" uważa, że nazwy własne nie są opisowymi definicjami. Są one „desygnatorami sztywnymi" albo – mówiąc normalnie – „etykietkami". Łączą się z osobami lub rzeczami, które oznaczają, dlatego że ludzie przekazywali je sobie nawet z pokolenia na pokolenie.

Kiedy Myron Feldstein zaczął pracować w show-biznesie, zmienił nazwisko na Frank Williamson. By uczcić swoją pierwszą dużą rolę na Broadwayu, urządził duże przyjęcie w swoim luksusowym mieszkaniu na szczycie apartamentowca. Zaprosił też swoją matkę, ale się na nim nie pojawiła.

Następnego dnia rano znalazł ją w holu swojego bloku. Zapytał ją, co tam robi i dlaczego nie przyszła na przyjęcie.

– Nie mogłam znaleźć twojego mieszkania – odparła.
– Więc dlaczego nie spytałaś recepcjonisty?
– Nawet o tym myślałam, ale, prawdę mówiąc, zapomniałam, jak się nazywasz.

Frank, czy jak by powiedziała jego matka: „Myron", przerwał historyczny łańcuch „Myrona".

Pytanie

O czyją teorię nazw własnych, Russella czy Kripkego, chodzi w następującym żarcie?

Pewien młody mężczyzna po katastrofie statku trafił na bezludną wyspę. Pewnego dnia zobaczył, że ktoś płynie w jego stronę. Okazało się, że jest to sama Halle Berry! Już po paru godzinach zostali namiętnymi kochankami, a potem nastąpiły równie ogniste tygodnie. Ale któregoś dnia młodzieniec spytał Halle:

– Czy mogę cię prosić o przysługę?
– Czego sobie tylko zażyczysz – odparła.
– Świetnie. Więc czy mogłabyś ściąć krótko włosy i pozwolić, bym mówił do ciebie Ted?
– Och, to takie dziwne – powiedziała Halle.
– Po prostu zrób, o co cię proszę. Dobrze?
– No, dobrze – zgodziła się w końcu.

Tego wieczoru, kiedy szli sobie plażą, młody człowiek obrócił się w jej stronę i powiedział:

– Ted, nie uwierzysz, kogo tu pieprzę!

Filozofia zbiorów rozmytych

Jedna ze współczesnych technicznych teorii językoznawczych korzysta z koncepcji ukrytej pod pozornie banalnym terminem „niejasność". „Niejasność" jest to termin używany przez filozofów zwanych logikami zbiorów rozmytych (naprawdę!), używany do opisania jakości „prawdy w skali od jednego do dziesięciu" zamiast dawnej prostoty, kiedy to określaliśmy wszystko w terminach: prawda / fałsz. Na przykład określenie: „Ten mężczyzna jest łysy" może dotyczyć zarówno Michaela Jordana, jak i Matta Lauera. Ale z punktu widzenia Matta ten termin jest zbyt niejasny.

Niektórzy filozofowie uważali niejasność za stałą cechę naturalnych języków, takich jak szwedzki czy suahili, i postulowali utworzenie sztucznego języka, takiego jak matematyka, by tę niejasność wyeliminować.

W poniższej historii strażnik próbuje połączyć język naturalny z precyzyjnym językiem matematycznym, a rezultaty tych prób łatwo przewidzieć.

> Paru turystów w Muzeum Historii Naturalnej podziwia kości dinozaura. Jeden z nich pyta strażnika:
> – Może nam pan powiedzieć, jak stare są te kości?
> – Mają trzy miliony cztery lata i pięć miesięcy – odpowiada strażnik.
> – To cudowne! – mówi turysta. – Skąd aż taka dokładność?
> – Cóż, mówili, że mają trzy miliony, kiedy zacząłem tu pracować – odpowiada strażnik. – A to było dokładnie cztery lata i pięć miesięcy temu.

William James opisał spektrum sposobów myślenia, poczynając od „miękkogłowych", a kończąc na „twardogłowych". Bardziej „miękkogłowi" filozofowie uważają, że niejasne, naturalne języki mają przewagę nad matematyką. Pozostawiają nam większe pole manewru.

Osiemdziesięcioletnia kobieta wpada do pokoju dla panów w domu opieki. Wyciąga w górę zaciśniętą dłoń i mówi:
— Kto zgadnie, co mam w ręce, będzie mógł spędzić ze mną noc.
— Słonia! — odpowiada jeden z mężczyzn.
Kobieta zastanawia się przez chwilę.
— Wystarczająco blisko — mówi w końcu.

„Twardogłowi" filozofowie być może zostawiliby jej jakieś pole manewru, ale podkreśliliby też to, że w niektórych wypadkach precyzja jest bardzo ważna, a niejasność może prowadzić do poważnych konsekwencji. Być może sztuczny język zapobiegłby poniższej tragedii.

Dyżurny odbiera telefon alarmowy od myśliwego:
— Natknąłem się właśnie w lesie na zakrwawione ciało! To jakiś mężczyzna. Myślę, że nie żyje. Co mam robić?
Dyżurny odpowiada spokojnie:
— Wszystko będzie dobrze, musi pan się tylko zastosować do moich wskazówek. Proszę odłożyć komórkę. Musi pan mieć pewność, że nie żyje.
Chwila ciszy, po której rozlega się strzał, a potem myśliwy mówi:
— W porządku. I co dalej?

Rządzą zasady niejasności, ok!

Oto prawdziwa historia.

Guy Goma siedział w poczekalni BBC i czekał na rozmowę w sprawie pracy, kiedy pojawił się producent telewizyjny i zapytał go:

– Czy to pan jest Guy Kewney?

Pan Goma, który pochodzi z Konga i nie znał dobrze języka angielskiego, odpowiedział:

– Tak.

Producent zabrał go do studia, gdzie prezenterka czekała na eksperta, który miał się wypowiedzieć na temat sporu o znak firmowy pomiędzy Apple Computer i firmą nagraniową Apple Corps.

– Czy zaskoczył pana dzisiejszy wyrok? – spytała prezenterka.

Pan Goma wpadł najpierw w panikę, ale potem postanowił spróbować odpowiedzieć na to pytanie.

– Zaskoczył mnie, ponieważ się go nie spodziewałem – odparł.

– Czy bardzo?

– O, tak – odrzekł.

Prezenterka spytała, czy teraz więcej osób będzie ściągało muzykę, a pan Goma zaczął mówić o tym, że wielu ludzi zacznie ściągać muzykę.

Prezenterka natychmiast się z nim zgodziła.

– Bardzo panu dziękuję! – wykrzyknęła.

DIMITRI: To wyjaśnia wszystko, o czym mówiliśmy.
TASSO: Dlaczego?
DIMITRI: To, co ty nazywasz „filozofią", ja nazywam „żartem".

{VIII}
Filozofia społeczna i polityczna

Filozofia społeczna i polityczna bada sprawę sprawiedliwości w społeczeństwie. Po co nam rządy? Jak należy rozdzielać dobra? Jak stworzyć sprawiedliwy społecznie system? Te kwestie rozstrzygali najpierw silniejsi faceci, waląc słabszych maczugą po głowie, ale po wiekach korzystania z filozofii społecznej i politycznej społeczeństwo zrozumiało, że są też o wiele bardziej efektywne rodzaje broni.

DIMITRI: Tasso, możemy rozmawiać o filozofii, aż nam skołowacieją języki, ale kiedy wszyscy zaczynają się rozpychać, chodzi mi tylko o to, żeby mieć domek, owcę i trzy porządne posiłki dziennie.
Tasso popycha Dimitriego.
DIMITRI: Co to było?
TASSO: Co może powstrzymać mnie – albo kogokolwiek innego – od popychania cię, kiedy przyjdzie mi na to ochota?

Dimitri: To jasne, że strażnicy narodu!
Tasso: Ale skąd oni mają wiedzieć, co robić? I dlaczego?
Dimitri: Na Zeusa, znowu chodzi o filozofię, prawda?

Stan naturalny

Filozofowie polityczni z siedemnastego i osiemnastego wieku, tacy jak Thomas Hobbes, John Locke i Jean-Jacques Rousseau, uznali, że bodźcem do stworzenia rządu było poczucie zagrożenia, które odczuwali ludzie, żyjący w trudnych, naturalnych warunkach. Nie chodziło im tylko o bestie, które polowały na ludzi, lecz również o brak praw: ryzyko związane z ruchem kołowym w obie strony, hałaśliwych sąsiadów, kradzieże żon i tym podobne rzeczy. Te niedogodności spowodowały, że mężczyźni i kobiety uznali nadrzędną rolę państwa. Stwierdzili, że korzyści z tego płynące są większe niż niedogodności związane z ograniczeniem wolności jednostek.

Pracownicy Narodowego Instytutu Zdrowia złapali dzikiego królika, którego zabrali do laboratorium. Tam zaprzyjaźnił się z nim królik wychowany w instytucie.

Któregoś wieczoru dziki królik zauważył, że ktoś źle zamknął jego klatkę, i postanowił uciec. Powiedział też oswojonemu królikowi, by się do niego przyłączył. Królik z instytutu się wahał, jako że nigdy wcześniej nie był poza laboratorium. Dziki kolega przekonał go jednak, żeby spróbował.

Kiedy znaleźli się na wolności, dziki królik powiedział:

– Teraz pokażę ci coś fajnego.

I zabrał go na pole z sałatą.

Kiedy się już najedli i trochę odpoczęli, dziki królik powiedział:

– A teraz pokażę ci coś jeszcze fajniejszego.

I zabrał go na zagony marchewki.

Kiedy najedli się już marchewki, dziki królik powiedział:

– A teraz pokażę ci coś najfajniejszego.

I zaprowadził go do jamy pełnej królic. To był prawdziwy raj – mogli uprawiać seks przez całą noc.

O świcie jednak królik z instytutu oświadczył, że musi wracać do laboratorium.

– Ale dlaczego? – spytał go dziki królik. – Pokazałem ci przecież pola z sałatą i marchewką i królikarnię pełną królic! Dlaczego chcesz wracać do laboratorium?

– Nic na to nie mogę poradzić – odparł tamten. – Po prostu muszę zapalić.

Takie są korzyści zorganizowanej społeczności.

Hobbes stwierdził w swoim słynnym opisie, że życie człowieka w stanie naturalnym jest „samotne, biedne, złe, brutalne i krótkie". O ile wiemy, nie był on żartownisiem, ale tego rodzaju wyliczanki zawsze mają w sobie coś zabawnego. Tak jak w przypadku pewnej pani, która narzekała na jedzenie w sanatorium, twierdząc, że jest „zimne, niedogotowane, niesmaczne, a poza tym podają za małe porcje".

Hobbes zapomniał tylko o romantyzmie związanym z życiem w stanie naturalnym, zwłaszcza w czasach, gdy tylu z nas stara się nawiązać jakiś kontakt z naszym wewnętrznym dzikusem lub dziką.

Trudy i Josephine zapisały się na safari w australijskim interiorze. Pewnej nocy do ich namiotu wdarł się aborygen w samej przepasce, wywlókł Trudy ze śpiwora i zawlókł do buszu, gdzie „postąpił z nią po swojemu". Znaleziono ją dopiero następnego ranka pod drzewem i zabrano półprzytomną do szpitala w Sydney. Dzień później odwiedziła ją Josephine i zauważyła, że przyjaciółka jest przygnębiona.

— Musisz się czuć okropnie — zauważyła.

— No jasne — odrzekła Trudy. — Minęły już dwadzieścia cztery godziny i nie dostałam żadnej kartki ani kwiatów. Wyobraź sobie, że nawet nie zadzwonił!

Silniejszy ma rację

Niccolo Machiavelli, filozof z szesnastego wieku, autor *Księcia*, jest uznawany za ojca współczesnego państwa, gdyż doradzał księciu, by nie przejmował się przyjętymi zasadami cnoty i „korzystał ze zła, gdy jest taka konieczność". Uważał on państwo za nadrzędną wartość, dlatego jego rady miały... cóż... makiaweliczny charakter. Przyznał otwarcie, że według niego cnotą jest to, co pozwala przetrwać księciu u steru władzy. Chociaż lepiej, by się go bano, niż go kochano, to jednak książę nie powinien się narażać na nienawiść ludu. Najlepiej jeśli będzie bezlitośnie sprawował władzę, a jednocześnie wydawał się sprawiedliwy.

Pewna kobieta podała mężczyznę do sądu o zniesławienie za to, że nazwał ją świnią. Sąd uznał jego winę i kazał mu zapłacić odszkodowanie. Po wysłuchaniu wyroku mężczyzna pyta jeszcze sędziego:

– Czy to znaczy, że nie mogę już nazywać pani Harding świnią?
– Tak, oczywiście – odpowiada sędzia.
– A czy to znaczy, że nie mogę nazwać świni panią Harding? – pyta dalej podsądny.
– Nie, może pan – odpowiada sędzia. – To nie jest przestępstwo.

Mężczyzna patrzy pani Harding prosto w oczy i mówi:
– Do widzenia, pani Harding.

W dowcipach od zawsze pojawiały się makiaweliczne sztuczki. Są one kuszące zwłaszcza wtedy, gdy wiemy, że nikt nas na nich nie przyłapie.

Pewien mężczyzna wygrał sto tysięcy dolarów w Las Vegas i nie chcąc, by ktoś się o tym dowiedział, zakopał pieniądze w swoim ogródku. Jednak następnego ranka znalazł tam tylko pustą dziurę i ślady, które prowadziły do domu głuchoniemego sąsiada. Poprosił więc profesora, który znał język migowy, by mu pomógł. Wziął ze sobą pistolet i poszli z profesorem do podejrzanego. Kiedy sąsiad otworzył drzwi, mężczyzna zaczął machać pistoletem.
– Niech mu pan powie – zwrócił się do profesora – że go zabiję, jeśli nie powie mi, gdzie schował moje sto tysięcy!
Profesor powtórzył to w języku migowym, a głuchoniemy sąsiad odpowiedział w ten sam sposób, że ukrył pieniądze pod wiśnią.
Profesor obrócił się do poszkodowanego.
– Powiedział, że nie zdradzi kryjówki. Woli zginąć.

Nic dziwnego, że Machiavelli był zwolennikiem kary śmierci – dla księcia było lepiej, gdy uważano go za surowego niż miłosiernego. Innymi słowy, zgadzał się z cynikami, którzy mówili: „Kara śmierci znaczy tyle, że nie będziemy musieli powtarzać: «To znowu ty»?".

Machiavelli uważał, że niezależnie od tego, jak wydajemy się sprawiedliwi innym, czy nawet sami sobie, w głębi serca wszyscy jesteśmy makiaweliczni.

Pani Parker dostaje wezwanie na członka ławy przysięgłych, ale prosi, by jej nie powoływano, bo jest przeciwna karze śmierci. Obrońca z urzędu mówi:

– Ależ, proszę pani, to nie jest proces mordercy, tylko z powództwa cywilnego. Pewna kobieta zaskarżyła swego męża, który przegrał w karty dwadzieścia pięć tysięcy, które miały pójść na remont łazienki na jej urodziny.

– Dobrze, zgadzam się zostać ławniczką – mówi pani Parker. – Być może myliłam się co do kary śmierci.

Ale zaraz. Czy to możliwe, by ten żart obrócił się przeciwko nam samym? Niektórzy historycy utrzymują, że Machiavelli tylko się z nami drażnił, prezentując makiawelizm *à rebours* – wydawał się zły, chociaż tak naprawę był dobry. W końcu czy to nie on sam wyśmiewał despotyzm? Garrett Mattingly, historyk, który dostał nagrodę Pulitzera, twierdzi w eseju *Książę – nauka polityki czy polityczna satyra?*, że Machiavellego oskarżano fałszywie: „Przypuszczenie, że ta książeczka [*Książę*] miała być poważnym, naukowym traktatem na temat rządzenia, przeczy wszystkiemu, co wiemy o życiu, twórczości i czasach, w których żył Machiavelli".

Innymi słowy, Mattingly uważa, że Machiavelli był owcą w wilczej skórze.

Feminizm

Oto zagadka, która od stuleci fascynowała ludzi.

Mężczyzna jest świadkiem strasznego wypadku syna. Bierze go na ręce, kładzie na tylnym siedzeniu samochodu i zawozi do szpitala. Kiedy chłopca wwożą na salę operacyjną, odzywa się chirurg:
– O Boże, to mój syn!
Jak to możliwe?

Kaszka z mlekiem! Chirurg jest jego matką.

Obecnie nawet Rush Limbaugh* nie zastanawiałby się nad odpowiedzią, gdyż liczba kobiet-lekarzy w Ameryce szybko zbliża się do liczby mężczyzn w tym zawodzie. A to dzięki sile filozofii feministycznej z końca dwudziestego wieku.

Kiedy BBC ogłosiła głosowanie na najważniejszego filozofa świata, żadna kobieta nie przebiła się do czołowej dwudziestki. (Wygrał Karol Marks.) Kobiety pracujące na uniwersytetach były wściekłe. Gdzie się podziała filozofka neoplatońska Hypatia? Czy na

---

* Kontrowersyjny gwiazdor amerykańskich talk-show o bardzo prawicowych poglądach.

przykład średniowieczna eseistka Hildegarda von Bingen? Dlaczego nie mówi się o Heloizie, kiedy Abelard, który nauczył się od niej tyle, ile ona od niego, zgarnia głosy telewidzów (chociaż on też nie dotarł do czołowej dwudziestki)? A co z protoplastką feministek Mary Astell z siedemnastego wieku? Gdzie się podziały współczesne myślicielki, takie jak Hannah Arendt, Iris Murdoch czy Ayn Rand?

Czy uniwersytety są beznadziejnie szowinistyczne i nie informują szerokiej publiczności o osiągnięciach tych kobiet? Czy może winne są szowinistyczne świnie z dawnych czasów, które nie traktowały poważnie tych myślicielek?

Prawdziwy początek feminizmu zaczyna się w osiemnastym wieku od brzemiennej w skutki (tak, tak) pracy Mary Wollstonecraft, „Potwierdzenie praw kobiet". W tej rozprawie zaatakowała ona samego Jean-Jacques'a Rousseau za to, że zaproponował on gorszy system edukacyjny dla kobiet.

Następnie feminizm doczekał się egzystencjalistycznej reinterpretacji w książce *Druga płeć*, napisanej przez filozofkę (i towarzyszkę życia Jean-Paula Sartre'a) Simone de Beauvoir. Stwierdziła ona, że nie istnieje coś takiego jak esencja kobiecości i że jest to rodzaj kaftana bezpieczeństwa, z którego korzystają mężczyźni. Jednak kobiety powinny dysponować wolnością, by móc stwarzać własną wersję kobiecości.

Ale jak bardzo elastyczna jest koncepcja kobiecości? Czy aparat reprodukcyjny, z którym się rodzimy, nie ma nic wspólnego z naszą tożsamością płciową? Niektóre feministki, które przyszły po Beauvoir, tak właśnie uważały. Ich zdaniem, rodzimy się jako seksualna *tabula rasa*, a tożsamość płciową narzuca nam później społeczeństwo i rodzice. Obecnie uczenie się ról związanych z płcią stało się bardziej najeżone pułapkami niż kiedykolwiek.

> Dwóch gejów stoi na rogu ulicy, gdy nagle przechodzi obok piękna blondynka w głęboko wyciętej, przylegającej do ciała sukience.
> – Wiesz – mówi jeden do drugiego – w takich sytuacjach żałuję, że nie jestem lesbijką!

Czy tradycyjne role związane z płcią są tylko wymysłem mężczyzn, który powstał po to, by podporządkować im kobiety? Czy też role te są zdeterminowane biologią? Ten problem wciąż dzieli filozofów i psychologów. Niektórzy myśliciele opowiadają się za różnicami zdeterminowanymi przez biologię. Na przykład, kiedy Freud stwierdził, że „anatomia jest przeznaczeniem", skorzystał z argumentu teleologicznego, by wykazać, że budowa ciała kobiet określa ich rolę w społeczeństwie. Nie jest do końca jasne, o które anatomiczne szczegóły mu chodziło, kiedy stwierdził, że kobiety powinny prasować. Albo weźmy innego biologicznego deterministę, Dave'a Barry'ego*, który zauważył, że jeśli kobieta będzie musiała wybierać, czy złapać piłkę, czy uratować dziecko, to zrobi to drugie, i nawet nie sprawdzi, czy ktoś jest na bazie.

Pozostaje też otwarta kwestia, czy mężczyźni są również zdeterminowani biologicznie. Na przykład, czy z powodu

---

* Amerykański pisarz i humorysta.

swej anatomii nie korzystają ze zbyt prymitywnych kryteriów przy doborze partnerki?

Pewien mężczyzna umawia się z trzema kobietami i stara się zdecydować, z którą powinien się ożenić. W końcu daje wszystkim po pięć tysięcy dolarów, by sprawdzić, co zrobią z tymi pieniędzmi.

Pierwsza idzie do salonu piękności i wydaje wszystko na zabiegi kosmetyczne, a potem jeszcze kupuje sobie kilka modnych sukienek. Mówi mu, że zrobiła to dlatego, bo go bardzo kocha i chce mu się podobać.

Druga kupuje mężczyźnie mnóstwo prezentów: nowy zestaw kijów golfowych, jakieś akcesoria komputerowe i drogie garnitury. Mówi mu, że go bardzo kocha i dlatego kupiła mu wszystkie te rzeczy.

Trzecia inwestuje pieniądze na giełdzie. Zarabia wielokrotność pięciu tysięcy i oddaje mężczyźnie to, co od niego dostała, a resztę wpłaca na wspólne konto. Mówi mu, że bardzo go kocha i dlatego chce zainwestować we wspólną przyszłość.

Którą z kobiet wybrał mężczyzna?
Odpowiedź: Tę z największym biustem!

Pytanie
Czy jest to dowcip antyfeministyczny czy antyszowinistyczny? Proszę to przedyskutować.

Oto kolejny fragment, który opowiada się za istnieniem esencjalnej różnicy między mężczyznami a kobietami.

Musiała ona być esencjalna, gdyż pierwszy człowiek był wolny od wpływów społecznych i jego impulsywność musiała być wrodzona.

W Raju pojawia się Bóg i obwieszcza Adamowi i Ewie, że ma dla nich dwa dary i chciałby, by sami zdecydowali, które z nich co dostanie.
– Pierwszy dar to możliwość sikania w pozycji stojącej.
Adam natychmiast wrzeszczy:
– Sikanie na stojąco! Ale fajnie! Ja, ja to chcę.
– Dobrze – mówi Bóg. – Ten dar jest twój, Adamie. Ewo, ty będziesz miała wielokrotne orgazmy.

Społeczne i polityczne rezultaty feminizmu są naprawdę olbrzymie: prawo głosu, przepisy chroniące ofiary gwałtów, a także lepsze traktowanie i wynagrodzenie w pracy. Jednak ostatnio produktem ubocznym feminizmu stał się męski odwet. To właśnie z niego biorą się politycznie niepoprawne dowcipy.

Jeśli powiemy, że jakiś dowcip jest politycznie niepoprawny, zyskuje on nowy wymiar: „Hej, ja wiem, że ten żart jest przeciwny ogólnie przyjętej liberalnej filozofii, ale czy już nie macie poczucia humoru?". Określając w ten sposób swój dowcip, żartujący chce uchodzić za obrazoburcę, co czasami powoduje, że dowcip jest jeszcze zabawniejszy, ale też bardziej ryzykowny dla samego opowiadającego, tak jak w poniższym przykładzie.

Samolot lecący nad Atlantykiem trafił na straszną burzę. Wpadł w turbulencje, a sytuacja się jeszcze pogorszyła, kiedy piorun uderzył w jego skrzydło.

Zwłaszcza jedna z pasażerek źle to znosi. Staje z przodu samolotu i zaczyna krzyczeć:

– Jestem za młoda, żeby umrzeć! – A potem: – Dobrze, jeśli mam umrzeć, chcę, żeby moje ostatnie chwile na ziemi były naprawdę ważne! Nikt do tej pory nie sprawił, bym poczuła się jak prawdziwa kobieta! Więc dobrze. Czy ktoś w tym samolocie może sprawić, żebym się tak poczuła?

Przez chwilę wszyscy zastygają na swoich miejscach. W samolocie panuje cisza. Pasażerowie zapomnieli o własnym strachu i patrzą na zdesperowaną kobietę. W końcu gdzieś na końcu podnosi się młody, przystojny mężczyzna. Jest opalony, muskularny i zbliża się do kobiety, rozpinając koszulę.

– Ja sprawię, że poczujesz się jak prawdziwa kobieta – mówi.

Nikt się nie rusza. Kobieta jest coraz bardziej podniecona. W końcu mężczyzna podchodzi do niej i zdejmuje koszulę, prezentując wspaniały tors.

– Wyprasuj to – mówi do drżącej kobiety, podając jej koszulę.

W odpowiedzi na politycznie niepoprawne dowcipy powstał nowy gatunek żartów – historie, które zaczynają się jak typowo szowinistyczne dowcipy, ale z nagłym zwrotem akcji, kiedy to okazuje się, że kobieta wygrywa.

Dwaj znudzeni krupierzy siedzą przy stoliku do gry w kości w kasynie. W pewnym momencie podchodzi do nich atrakcyjna blondynka i stawia dwadzieścia tysięcy na jeden rzut.

– Wybaczą panowie – mówi – ale mam więcej szczęścia, kiedy jestem zupełnie naga.

Rozbiera się szybko i rzuca kośćmi, krzycząc:

– No, toczcie się, maleństwa! Mamusia potrzebuje nowego ubrania! – Kiedy kości się zatrzymują, aż piszczy z radości:
– TAK! TAK! WYGRAŁAM!
Ściska obu krupierów i oddala się od stolika z wygraną i swoim ubraniem. Krupierzy patrzą na siebie zdumieni. W końcu jeden z nich pyta drugiego:
– Ty, co ona wyrzuciła?
– Nie wiem – odpowiada drugi. – Myślałem, że to ty patrzysz.

Morał: Nie wszystkie blondynki są głupie, ale faceci są tylko facetami.

A oto jeszcze jeden dowcip z tego neofeministycznego gatunku.

Blondynka siedzi w samolocie obok prawnika, który nakłania ją, by zagrała z nim w zagadki, żeby sprawdzić, które z nich dysponuje większą wiedzą. W końcu mówi, że będzie jej płacił w stosunku jeden do dziesięciu. Jeśli ona nie będzie znała odpowiedzi, zapłaci mu pięć dolarów. A jeśli on, to da jej pięćdziesiąt.
Kobieta zgadza się zagrać, więc mężczyzna pyta:
– Jaka jest odległość z Ziemi do najbliższej gwiazdy?
Blondynka w milczeniu podaje mu banknot.
– Co wchodzi na górę na trzech nogach, a schodzi na czterech? – pyta go ona z kolei.
Mężczyzna myśli długo, ale w końcu musi jej dać pięćdziesiąt dolarów.
– Co to takiego? – pyta.
Blondynka ponownie bez słowa wręcza mu pięć dolarów.

Filozofia ekonomii

Robert Heilbroner w pierwszym zdaniu swojej klasycznej już książki *The Worldly Philosophers* stwierdza: „jest to praca poświęcona paru osobom, które można uznać za sławne". Tak, nawet ekonomia ma swoich filozofów.

Szkocki filozof Adam Smith napisał swoje brzemienne w skutki (tak?) dzieło *Badania nad naturą i przyczynami bogactwa narodów* w roku, w którym Ameryka ogłosiła niepodległość. Stało się ono początkiem wolnorynkowego kapitalizmu.

Według Smitha jedną z mocnych stron kapitalizmu jest to, że promuje ekonomiczną kreatywność. Wydaje się, że skupienie się na sobie, podobnie jak perspektywa śmierci przez powieszenie, pozwala lepiej skoncentrować umysł.

Pewien mężczyzna przyszedł do banku i powiedział, że chce pożyczyć dwieście dolarów na pół roku. Urzędnik zapytał go, jakie zabezpieczenie może zaproponować.

– Mam rolls royce'a – odparł mężczyzna. – Mogę go przekazać bankowi na czas trwania pożyczki.

Po pół roku mężczyzna zwrócił pożyczkę oraz dziesięć dolarów odsetek i zabrał swój samochód. Jednak urzędnik spytał go jeszcze:

– Przepraszam pana, ale dlaczego pożyczył pan dwieście dolarów, jeśli ma pan rolls royce'a?

– Musiałem na dłużej wyjechać do Europy, a gdzie mógłbym lepiej przechować mój samochód za dziesięć dolarów?

„Tak, kochanie, mamusia musi mieć piękne dłonie
na wypadek, gdyby musiała pójść do psychiatry".

W kapitalizmie gospodarkę reguluje teoria „dyscypliny rynku". Na przykład dobry spis inwentarza może nam znacznie pomóc w interesach.

Prezenter: Proszę pana, w ciągu tych wszystkich lat zbił pan niezłą fortunę. Jak się to panu udało?
Milioner: Zarobiłem wszystko, handlując gołębiami pocztowymi.
Prezenter: Naprawdę? To fascynujące! Ile ich pan sprzedał?
Milioner: Tylko jednego. Ale on wciąż do mnie wracał.

Filozofia ekonomii musiała nadążyć za rozwojem kapitalizmu. Na rynku pojawiły się nowości, które skomplikowały sytuację tak bardzo, że nie śniło się o tym Adamowi Smithowi czy innym klasycznym filozofom ekonomii. Na przykład wprowadzenie ubezpieczeń zdrowotnych zaowocowało sytuacją, w której w interesie inwestora nie leży zwrot zainwestowanych pieniędzy. Rynek byka to też coś innego niż kupowanie byka na rynku. Jedną z nowości, gdzie – jak się zdaje – nie działają prawa rynku, są loterie fantowe.

Jean Paul, Amerykanin francuskiego pochodzenia, przeprowadził się do Teksasu i kupił za sto dolarów osła. Farmer, który go sprzedał, zgodził się dostarczyć zwierzę następnego dnia. Jednak kiedy następnego dnia pojawił się u Jean Paula, powiedział:
– Przykro mi, ale osioł zdechł.
– Więc niech mi pan odda pieniądze.
– Nie mogę, już je wydałem.
– Dobra, to niech mi pan da tego osła.
– Co pan zrobi ze zdechłym osłem?

– Urządzę loterię fantową.
– To niemożliwe. Przecież ten osioł nie żyje.
– Sam pan zobaczy. Po prostu nikomu nie powiem, że zdechł.

Po miesiącu farmer spotkał tego mężczyznę i spytał, jak mu poszło.
– Doskonale – odparł tamten. – Sprzedałem pięćset losów po dwa dolary i zarobiłem dziewięćset dziewięćdziesiąt osiem dolarów.
– I nikt się nie skarżył?
– Tylko facet, który wygrał, więc zwróciłem mu jego dwa dolary.

Dawni ekonomiści nie zwracali również uwagi na to, co obecnie nazywamy „wartością ukrytą" – na przykład niepłatną pracę gospodyń domowych. Oto historia, która pozwala lepiej zrozumieć ten termin.

Słynny kolekcjoner dzieł sztuki idzie ulicą, gdy nagle widzi parchatego kota, który pije mleko z wystawionego przed sklepem spodka. Przygląda się uważniej i widzi, że spodek jest bardzo stary i cenny, więc wchodzi jak gdyby nigdy nic do sklepu i mówi, że chętnie kupi kota za dwa dolary.
– Bardzo mi przykro, ale ten kot nie jest na sprzedaż – odpowiada właściciel sklepu.
– Bardzo proszę – mówi kolekcjoner. – Potrzebuję kota, bo mam w domu myszy. Zapłacę za niego dwadzieścia dolarów.
– Niech będzie – mówi właściciel i podaje mu kota.
– A czy za tę cenę nie mógłby pan jeszcze dorzucić tego spodka? – pyta od niechcenia kolekcjoner.

– Nie, niestety. Ten spodek przynosi mi szczęście. W tym tygodniu sprzedałem już trzydzieści osiem kotów.

Trzeba też przyznać, że Adam Smith przewidział pułapki nieograniczonego kapitalizmu, jak w przypadku rozwoju monopoli. Jednak to dopiero Karol Marks w dziewiętnastym wieku rozwinął filozofię, atakującą nierówny podział dóbr, który stanowi nieodłączny składnik kapitalizmu. Marks też stwierdził, że po rewolucji rządy ludowe zlikwidują nierówności między bogatymi i biednymi – nierówności, które dotyczą wszystkiego, poczynając od własności, a na kredytach kończąc.

Byliśmy ostatnio na Kubie, by kupić cygara, na które obowiązuje embargo, i w klubie w Hawanie usłyszeliśmy następujący dialog:

José: Świat chyba zwariował! Bogaci, którzy mogą zapłacić gotówką, kupują na kredyt, a biedni, którzy nie mają pieniędzy, muszą płacić gotówką. Czy Marks nie powiedział, że powinno być odwrotnie? Biedni powinni kupować na kredyt, a bogaci płacić gotówką.

Manuel: Ale wtedy ci właściciele sklepów, którzy sprzedają biednym, sami staliby się biedni!

José: Tym lepiej! Wtedy sami mogliby kupować na kredyt!

Pytanie

Który z Marksów jest większym anarchistą? Karol, który powiedział: „To nieuniknione, że uciśnione klasy powstaną i zrzucą swoje kajdany". Czy Groucho, który

> powiedział: „Poza psem to książka jest najlepszym przyjacielem człowieka. Jednak w samym psie jest za ciemno, żeby czytać".

Być może zadajesz sobie pytanie: „Na czym dokładnie polega różnica między kapitalizmem i komunizmem?". Być może nie. Tak czy tak, odpowiedź jest dosyć prosta. W kapitalizmie człowiek wyzyskuje drugiego człowieka. A w komunizmie jest odwrotnie.

Ta słowna zabawa doprowadziła do kompromisu pomiędzy kapitalizmem a socjalizmem, znanego jako demokracja społeczna, gdzie ludzie, którzy nie mogą pracować, dostają zasiłki, a prawa chronią zbiorowe interesy. Jednak ten kompromis zmusił niektórych lewicowców do pójścia na dziwne układy.

Związkowiec jako przedstawiciel załogi jest na zjeździe w Paryżu i postanawia odwiedzić dom publiczny. Od razu przy wejściu pyta właścicielkę:
– Czy działają tu związki?
– Nie, nie działają.
– Więc ile zarabiają pani dziewczęta? – pyta związkowiec.
– Pan płaci sto dolarów, z czego osiemdziesiąt jest dla mnie, a dwadzieścia dla dziewczyny.
– To straszny wyzysk – mówi mężczyzna i wychodzi.
W końcu udaje mu się znaleźć burdel, w którym działają związki.
– Jeśli zapłacę pani sto dolarów, to ile dostanie dziewczyna?
– Osiemdziesiąt – odpowiada właścicielka.

– To świetnie. Chciałbym spędzić noc z Collette.
– Tak, oczywiście – odpowiada właścicielka. – Ale Thérèse ma prawo starszeństwa.

Teorie ekonomiczne są szczególnie podatne na błędy polegające na „znajdowaniu różnic tam, gdzie ich nie ma". Na przykład, czy istnieje zasadnicza różnica między państwem opiekuńczym a obniżkami podatków dla bogatych?

Czy dowcip, z którego korzysta pan Fenwood, to tylko strategia „znajdowania różnicy tam, gdzie jej nie ma"?

Pan Fenwood miał krowę, ale brakowało mu pastwiska. Poszedł więc do swego sąsiada pana Pottera i zaproponował, że będzie mu płacił dwadzieścia dolarów miesięcznie za wypas krowy na jego pastwisku. Potter przystał na to. Minęło parę miesięcy. Krowa pasła się na łące Pottera, ale Fenwood nie zapłacił mu ani grosza. W końcu Potter wybrał się do Fenwooda i zaproponował:
– Wiem, że ma pan kłopoty finansowe, więc może ubijemy interes? Trzymałem pańską krowę u siebie dziesięć miesięcy, więc jest mi pan teraz winny dwieście dolarów. Podejrzewam, że tyle warta jest sama krowa. Może więc zatrzymam krowę i będziemy kwita?

Fenwood zastanawiał się chwilę, a potem powiedział:
– Zgoda, ale niech ją pan trzyma jeszcze miesiąc!

Filozofia prawa

Filozofia prawa albo prawoznawstwo bada podstawowe kwestie, takie jak na przykład: „Jaki jest cel praw?".

Istnieje kilka podstawowych teorii. „Prawoznawstwo cnoty", oparte na etyce Arystotelesa, mówi, że prawa powinny wspomagać rozwój cnót. Zwolennicy prawodawstwa cnoty mogą na przykład utrzymywać, że celem prawa ochrony moralności publicznej, które zabrania siusiania w miejscach publicznych, jest propagowanie wyższych standardów moralnych wśród wszystkich grup społecznych, a zwłaszcza tych, które publicznie oddają mocz. (Chociaż ława przysięgłych złożona z takich osób mogłaby się z tym nie zgodzić.)

Z kolei Immanuel Kant propagował deontologię – pogląd, że celem praw jest skodyfikowanie obowiązków moralnych. Dla deontologów prawo o niesikaniu opiera się na obowiązku wszystkich obywateli, by szanować wrażliwość innych.

Jeremy Bentham, dziewiętnastowieczny utylitarysta, powiedział, że celem praw jest to, by przyniosły jak najlepsze konsekwencje dla jak największej liczby osób. Utylitaryści mogą zatem stwierdzić, że wyżej wspomniane prawo daje więcej dobra zwykłym obywatelom, niż przynosi niedogodności tym nielicznym, którzy sikają w miejscach publicznych, i w związku z tym będą musieli zmienić swoje zwyczaje.

Ale jak to zazwyczaj w filozofii, pierwsze pytanie, które się nasuwa zwykłym ludziom, brzmi: „Czy istnieje jakaś praktyczna różnica, z której teorii skorzystamy?". Wszystkie trzy usprawiedliwiają prawo do ochrony moralności publicznej, a także wiele innych znanych zasad prawnych, takich jak ta, że kara wprowadza równowagę w systemie prawnym. Można usprawiedliwić karę z punktu widzenia rozwoju cnoty (rehabilitacja), deontologii (karanie odstępstw od wypełniania obywatelskich obowiązków) lub utylitaryzmu (powstrzymanie złych konsekwencji).

Niefilozofowie mogą zapytać: „Jeśli wszyscy się zgadzają co do wyniku, co to za różnica d l a c z e g o stosujemy kary?". Jedyny całkiem przyziemny problem, to jak dopasować złamanie prawa (powiedzmy, obrazę urzędnika sądowego) do kary (powiedzmy, grzywny w wysokości dwudziestu dolarów)? Co powiemy na przykład na to?

Pewien mężczyzna czekał cały dzień w sądzie na rozpatrzenie swojej sprawy związanej z wykroczeniem drogowym, a kiedy wezwano go przed oblicze sędziego, ten powiedział mu, że będzie musiał przyjść następnego dnia, bo sąd zakończył na dziś pracę.
 – Dlaczego, do cholery?! – pyta poirytowany.
 – Płaci pan dwadzieścia dolarów za obrazę sądu – odpowiada sędzia.
 Mężczyzna wyjmuje portfel.
 – Nie musi pan płacić dzisiaj – mówi sędzia.
 – Sprawdzam tylko, czy wystarczy mi pieniędzy na jeszcze dwa słowa.

Inną dobrze znaną zasadą prawną jest ograniczone zaufanie do dowodów pośrednich. Ponownie poparliby ją wszyscy trzej teoretycy. Zwolennik prawodawstwa cnoty mógłby stwierdzić, że wysoki stopień sprawiedliwości na sali sądowej dostarcza przykładu cnoty dla obywateli. Dla deontologa dowody pośrednie mogą naruszyć powszechny obowiązek bycia skrupulatnym i sprawiedliwym. Dla utylitarysty wykorzystanie dowodów pośrednich może poskutkować uwięzieniem niewinnej osoby.

I znowu osoby bardziej praktyczne mogłyby po prostu zapytać: „Kogo, do licha, obchodzi, d l a c z e g o traktujemy tak ostrożnie te dowody?". W sensie czysto praktycznym powinniśmy tylko wykazać, że są mało wiarygodne, tak jak kobieta w poniższej historii. (Zwróćmy przy tym uwagę na to, jak zręcznie posługuje się *reductio ad absurdum*.)

Małżeństwo spędza wakacje w znanej miejscowości wędkarskiej. Mężczyzna się zdrzemnął, a kobieta postanowiła wziąć łódkę i poczytać. Kiedy tak sobie odpoczywała, podpłynął do niej motorówką szeryf i powiedział:
– Tutaj nie wolno łowić. Muszę panią aresztować.
– Ależ ja nie łowię ryb – mówi kobieta.
– Ale ma pani niezbędny sprzęt – odpowiada szeryf. – Proszę ze mną.
– Jeśli tak, to oskarżę pana o gwałt – odpowiada kobieta.
– Ależ przecież nawet pani nie dotknąłem – mówi szeryf.
– Wiem. Ale ma pan niezbędny sprzęt – odpowiada kobieta.

Okazuje się jednak, że i s t n i e j ą zasady prawne, w przypadku których jest istotne, z której teorii skorzystamy. Ilustruje to poniższy przykład.

Sędzia wzywa obrońcę i oskarżyciela do swego gabinetu i mówi:
– Poprosiłem was tutaj, ponieważ obaj daliście mi łapówkę. – Prawnicy wiercą się niespokojnie na swoich miejscach. – Ty, Alan, dałeś mi piętnaście tysięcy, a ty, Phil, dziesięć.
Sędzia wręcza Alanowi czek na pięć tysięcy i dodaje:
– Teraz jesteście kwita, a ja mogę oprzeć się wyłącznie na dowodach.

Jeśli celem zakazywania łapówek jest tylko wykluczenie przypadków, kiedy mogłyby one wpłynąć na werdykt, możemy zgodzić się z sędzią, że wzięcie takich samych łapówek jest tym samym, co nie wzięcie żadnej. Innymi słowy, celem zakazywania łapówek jest zapewnienie utylitarnej bezbronności i uzyskanie dobrych konsekwencji. Jednak byłoby znacznie trudniej dowieść, że wzięcie takich samych łapówek wspomaga rozwój cnoty u sędziego czy też obu prawników.

Cóż, prawie udało nam się nie opowiedzieć dowcipu o prawnikach. Ale jesteśmy tylko ludźmi.

Prawnik wysłał notatkę do swego klienta:
„Cześć, Frank. Wydawało mi się, że widziałem Cię wczoraj w centrum. Przeszedłem przez ulicę, ale to nie byłeś Ty. Jedna dziesiąta godziny, dziesięć dolarów".

DIMITRI: Zainspirowałeś mnie, Tasso. Zdecydowałem, że będę kandydował na funkcjonariusza dbającego o moralność publiczną. Czy mogę liczyć na twój głos?

TASSO: Oczywiście, przyjacielu. Pod warunkiem, że głosowanie będzie tajne.

{IX}
Względność

Cóż możemy powiedzieć?
Różne osoby różnie traktują ten termin.

DIMITRI: Twój problem, przyjacielu, polega na tym, że za dużo myślisz.
TASSO: W porównaniu z kim?
DIMITRI: Na przykład z Achillesem.
TASSO: A jeśli porównasz mnie z Sokratesem?
DIMITRI: Dobra, znowu wygrałeś. W porównaniu z Sokratesem jesteś zupełnym idiotą.

WZGLĘDNOŚĆ PRAWDY

Czy prawda jest względna czy absolutna?

Dawny taoista Chuang Tzu obudził się ze snu, w którym był pięknym motylem. A może, zaczął się zastanawiać, tak naprawdę jestem pięknym motylem, który śni, że jest Chuang Tzu?

Nowożytni filozofowie Zachodu mają obsesję na punkcie relatywizmu wiedzy względem tego, kto ją przyswaja. Jak widzieliśmy, George Berkeley uznał, że „fizyczne obiekty" są tylko pochodną umysłu.

W dwudziestym wieku profesor z Harvardu eksperymentował z psychodelicznymi narkotykami i był zafascynowany relatywizmem tego, co widział. Nie, nie mówimy tu o Timothym Learym. Na długo przed nim robił to William James. Kiedy na przykład wdychał gaz rozweselający, wydawało mu się, że widzi jedność wszystkich rzeczy, ale kiedy działanie narkotyku się skończyło, nie pamiętał swoich kosmicznych wizji. Podobno więc przed następnym eksperymentem przywiązał sobie do ręki długopis i rozłożył notatnik. Oczywiście zaraz przyszedł mu do głowy wspaniały pomysł, więc go zapisał. Po paru godzinach, kiedy już doszedł do normalnego stanu, przeczytał to, co miało być filozoficznym przełomem: „Wszystko pachnie ropą naftową". James był początkowo rozczarowany, ale wkrótce doszedł do opamiętania. Zdał sobie sprawę, że prawdziwy problem polega na tym, czy a) pomysły, które wydały mu się świetne, gdy był pod wpływem gazu rozweselającego, są tak naprawdę banalne; czy b) całkowita wymowa stwierdzenia: „Wszystko pachnie ropą naftową" może być w pełni docenione bez działania gazu rozweselającego.

Najwyraźniej coś w tej analizie Jamesa pachnie żartem.

Względność czasu

Wiele dowcipów opiera się na różnym odbieraniu czasu.

Ślimak został pobity przez dwa żółwie. Kiedy policja pytała go, jak to się stało, powiedział:
– Nie wiem. Wszystko działo się tak szybko.

A teraz nadciąga kolejny ślimak.

Ktoś puka do drzwi, ale kiedy kobieta otwiera, na progu jest tylko ślimak. Bierze go więc i wyrzuca do ogrodu. Po dwóch tygodniach znowu rozlega się pukanie do drzwi. Gdy je otwiera, na progu jest ten sam ślimak.
– O co ci, do cholery, chodziło? – pyta ślimak.

Względnością czasu w odniesieniu do wieczności zawsze interesowali się filozofowie, a wraz z nimi twórcy żartów.

Pewien człowiek modli się do Boga:
– Panie, chciałbym Ci zadać pytanie.
– Żaden problem. Śmiało – mówi Bóg.
– Czy to prawda, Panie, że dla Ciebie milion lat to tyle, co chwila?
– Tak, to prawda.
– Więc czym dla Ciebie jest milion dolarów?
– Jednym centem – odpowiada Bóg.
– Więc czy mogę prosić o jednego centa?
– Oczywiście – odpowiada Bóg. – Zaczekaj chwilę.

„*Nie opublikujemy pani książki Życie jętki. Autobiografia, ponieważ ma ona tylko jedną stronę*".

Względność poglądów

Istnieje mnóstwo dowcipów, które obrazują względność różnych poglądów.

Pewna Francuzka wchodzi do baru z papugą we fraku na ramieniu. Barman mówi:
— Ale fajna. Skąd ją masz?
— Z Francji — odpowiada papuga. — Mają tam mnóstwo takich lalek.

W.V.O. Quine, amerykański filozof z dwudziestego wieku, pisał, że nasze poglądy na świat zależą od naszego ojczystego języka, tworzącego ramy, poza które nie jesteśmy w stanie wyjść. Nie możemy wiedzieć na pewno, jak przetłumaczyć termin z innego języka. Widzimy, że osoba mówiąca w innym języku wskazuje, mówiąc: „gavagai", ten sam obiekt, który my nazywamy „królikiem", ale nie możemy być pewni, czy chodzi jej o „pojedynczego żywego królika" czy „całą abstrakcyjną króliczość", czy o coś jeszcze króliczego.

Dwóch Żydów je obiad w koszernej chińskiej restauracji. Kelner gawędzi z nimi w jidysz, kiedy oni przeglądają menu, a potem przyjmuje zamówienie również w jidysz. Przy wyjściu mówią właścicielowi Żydowi, jak przyjemnie było porozmawiać w jidysz z kelnerem.
— Cii — mówi właściciel — on myśli, że uczy się angielskiego.

Ten dowcip świetnie ilustruje problemy radykalnego tłumaczenia Quine'a. Kelner Chińczyk potrafi składać słowa w taki sam sposób jak jego klienci. Jednak c a ł a jego wiedza na temat jidysz opiera się na jednym p o d s t a w o w y m błędnym założeniu: wydaje mu się, że mówi po angielsku!

Nawet to, co można uznać za obcy język, zależy od tego, kto się nim posługuje. Weźmy na przykład taką historię ze świata międzynarodowego handlu.

Międzynarodowa firma dała ogłoszenie, że poszukuje sekretarki.
Zgłosiła się pewna suka, która przeszła pomyślnie test z pisania na maszynie i mogła odbyć rozmowę z przyszłym pracodawcą.
– Czy mówi pani w jakimś obcym języku?
– Miau – odpowiedziała suka.

Względność wartości

Nie tak dawno Michel Foucault skupił się na innym rodzaju względności, a mianowicie zależności wartości kulturowych od władzy w społeczeństwie. Nasze kulturowe wartości, a zwłaszcza to, co uważamy za normalne, określają bowiem i są określane przez kontrolę społeczną. Kogo uważamy za chorego psychicznie? Kto ma to określić? Co to znaczy, że jesteśmy uznani za psychicznie chorego przez tych, którzy to określają? Co to oznacza dla tych, którzy mają to określać? I k i m są ci, którzy mają to określać? Odpowiedzi na te pytania zmieniają się wraz z tym, kto sprawuje władzę w społeczeństwie. W jednym wieku określają to na przykład kapłani, a w innym lekarze. Ma to wpływ na sposób, w jaki traktuje się tak zwanych chorych psychicznie. Rzecz w tym, że wartości, które wydają nam się ponadczasowe, podlegają ciągłym zmianom, zależnym od tego, kto „trzyma" władzę i jak ją sprawuje.

Pat: Cześć, Mike, dzwonię do ciebie z High Street z mojej nowej komórki.

Mike: Uważaj, Pat. Właśnie mówili w radiu, że jakiś wariat jedzie High Street pod prąd.

Pat: Jeden wariat? Jest ich cała masa!

Z punktu widzenia czystego rozumu Pat ma rację, podobnie jak spiker z radia. Według niego, wszyscy kierowcy jadą w złym kierunku. Dlaczego więc ten żart pozostaje żartem, a nie zderzeniem dwóch różnych punktów widzenia? Ponieważ z poglądów Foucault wynika, że to państwo w ostateczności decyduje, w którą stronę można jechać, a w którą nie.

Innym problemem, z którym borykali się filozofowie od czasów Platona, jest względność między wartościami czasowymi a wiecznymi. Ponownie, by to lepiej ocenić, posłużymy się żartem.

Pewien bogacz miał umrzeć. Był z tego powodu bardzo zmartwiony, ponieważ ciężko pracował, by zdobyć majątek i chciał go zabrać ze sobą do nieba. Zaczął się więc modlić o to, by móc wziąć ze sobą choćby część tego, co uzbierał.

Usłyszał to anioł i stanął przed nim.

– Przykro mi – powiedział – ale nie możesz wziąć ze sobą majątku.

Bogacz zaczął go błagać, by porozmawiał z Bogiem i sprawdził, czy nie zechce zrobić wyjątku.

Po jakimś czasie anioł zjawił się ponownie i oznajmił, że Bóg pozwala mu wziąć ze sobą jedną walizkę. Uradowany bogacz napełnił walizkę sztabkami złota i postawił ją przy swoim łóżku. Wkrótce po tym umarł i stanął przed niebiańską bramą.

— Zaraz — powiedział święty Piotr. — Nie możesz tego wnieść.

Jednak bogacz wyjaśnił mu, że ma pozwolenie samego Boga i poprosił świętego Piotra, by to sprawdził. Po jakimś czasie święty wrócił i powiedział:

— A, tak. Możesz wnieść jedną walizkę, ale mam najpierw sprawdzić jej zawartość.

Święty Piotr otworzył walizkę i spojrzał na to, co tak bardzo cenił bogacz.

— Przyniosłeś tu kostkę brukową? — spytał zdziwiony.

Względność absolutna

Wiele błędów filozoficznych bierze się stąd, że filozofowie traktują relatywne poglądy tak, jakby były one absolutne. Thomas Jefferson, opierając się na poglądach brytyjskiego filozofa Johna Locke'a, uznał prawo do życia, wolność i poszukiwanie szczęścia za „oczywiste", zapewne dlatego, że uważał je za uniwersalne i absolutne. Jednak te wartości nie są tak oczywiste dla kogoś z innej kultury — na przykład dla radykalnego islamisty, który uważa, że tylko niewierni szukają szczęścia.

Możliwy jest jednak przeciwstawny błąd. Możemy uznać za względne coś, co jest absolutne.

Strażnik na statku marynarki wojennej zauważa światło na jednostce nieopodal. Kapitan mówi mu, by nadał do niej wiadomość: „Macie natychmiast zmienić kurs o dwadzieścia stopni".

Po chwili przychodzi odpowiedź: „To wy macie zmienić natychmiast kurs o dwadzieścia stopni".

Kapitan jest wściekły. Sam wysyła kolejną wiadomość: „Jestem kapitanem. Za chwilę się zderzymy. Macie natychmiast zmienić kurs o dwadzieścia stopni".

I kolejna odpowiedź: „Jestem marynarzem drugiej klasy i zalecam wam natychmiastową zmianę kursu".

Kapitan ma pianę na ustach: „To jest statek wojenny!".

Po chwili pojawia się odpowiedź: „A to jest latarnia!".

Warto pamiętać te refleksje na temat względności, kiedy następnym razem będziemy zamawiać chińskie jedzenie albo – jak mówią Chińczycy – jedzenie.

DIMITRI: Więc, Tasso, jesteś jednym z tych, którzy uważają, że nie ma absolutnej prawdy, że prawda zawsze jest względna?
TASSO: Właśnie.
DIMITRI: Jesteś tego pewny?
TASSO: Absolutnie*.

---

* Ten błędny kolokwializm jest tutaj absolutnie konieczny.

{x}
Metafilozofia

Filozofia filozofii.
Nie należy jej mylić z filozofią filozofii filozofii.

DIMITRI: Nareszcie zaczynam pojmować, o co w tym chodzi.
TASSO: W czym?
DIMITRI: Oczywiście w filozofii!
TASSO: I ty to nazywasz filozofią?

Przedrostek *meta*, który znaczy przede wszystkim: „poza i obejmujący wszystko poniższe", bardzo często pojawia się w dyskursie filozoficznym. Mówimy o metajęzyku, czyli języku, który opisuje język, czy metaetyce, która bada to, skąd pochodzą i co znaczą nasze etyczne zasady. Zatem pojawienie się metafilozofii było jedynie kwestią czasu.

Metafilozofia zajmuje się palącą kwestią: „Czym jest filozofia?". Można by przypuszczać, że filozofowie powinni już dawno do tego dojść. Może nawet dziwić, że zostali filozofami, nie znając odpowiedzi na to pytanie. Nigdy przecież nie zdarzyło nam się słyszeć, by fryzjerzy zastanawiali się, czym jest fryzjerstwo. Jeśli jakiś fryzjer tego nie wie, to znaczy, że źle wybrał zawód. I z całą pewnością nie posłalibyśmy do niego żony.

Mimo to współcześni filozofowie co rusz przedefiniowują filozofię. W dwudziestym wieku Rudolf Carnap wraz z pozytywistami logicznymi pozbył się jej dużej części, kiedy ogłosił, że metafizyka jest pozbawiona znaczenia. Zdaniem pozytywistów logicznych, filozofia polega na analizowaniu naukowych zdań.

Współczesny Carnapowi Ludwig Wittgenstein, ojciec chrzestny filozofii zwykłego języka, posunął się nawet dalej. Uważał, że jego najważniejsza książka kończy historię filozofii, gdyż udało mu się wykazać, że wszystkie propozycje filozoficzne są bez znaczenia – włączając jego własne. Był do tego stopnia przekonany, że zakończył filozofię, że zaczął uczyć w szkole podstawowej. Po paru latach powrócił do niej z nową propozycją – proszę sobie wyobrazić: terapeutyczną! Chodziło mu o to, że jeśli uporządkujemy nasz zagmatwany język, uwolnimy się od tego, czym trapią nas nonsensowne pytania filozofii.

Obecnie „logicy modalni" – tacy, którzy rozróżniają stwierdzenia, które są możliwie prawdziwe, i takie, które są koniecznie prawdziwe – martwią się o to, do której kategorii przypisać własne stwierdzenia. Według nas, wszystko to wygląda na metastwierdzenia.

Właśnie do tej metafilozoficznej tradycji skłonni jesteśmy przypisać Seamusa.

Seamus wybierał się na pierwszą randkę, poprosił więc doświadczonego w sprawach damsko-męskich brata o radę.

– Powiedz przede wszystkim, o czym mam z nią rozmawiać.

– Zdradzę ci pewien sekret – odparł brat. – Irlandki lubią mówić o trzech rzeczach: jedzeniu, rodzinie i filozofii. Jeśli spytasz dziewczynę o to, jakie lubi potrawy, pokażesz, że się nią interesujesz. Jeśli zapytasz o rodzinę, pokażesz, że masz uczciwe zamiary. Jeśli będziesz z nią rozmawiał o filozofii, pokażesz, że cenisz jej inteligencję.

– Świetnie! Dzięki! – wykrzyknął Seamus. – Jedzenie, rodzina, filozofia. Na pewno sobie poradzę.

Kiedy więc spotkał się tego wieczoru ze swoją wybranką, od razu zapytał:

– Lubisz kapustę?

– Ee, nie – odparła zdziwiona.

– A czy masz brata?

– Nie.

– Cóż, a gdybyś miała brata, jak sądzisz, czy lubiłby kapustę?

Oto filozofia.

Współczesny filozof William Vallicella pisze: „Metafilozofia jest filozofią filozofii. Jest więc sama w sobie dziedziną filozofii, w odróżnieniu od filozofii nauki, która nie jest dziedziną nauki czy filozofii religii, która nie jest dziedziną religii".
To dzięki takim stwierdzeniom Vallicella stał się tak popularny na przyjęciach.

I znowu musimy potwierdzić tezę, która stanowi podstawę tej książki. Jeśli istnieje metafilozofia, muszą też istnieć metażarty.

Pewien komiwojażer był właśnie w podróży, kiedy zepsuł mu się samochód. Przeszedł parę kilometrów, aż w końcu natknął się na gospodarstwo i zapytał, czy może zatrzymać się tam na noc.
– Jasne – odparł farmer. – Moja żona zmarła parę lat temu, a moje dwie córki – dwudziestojednoletnia i dwudziestotrzyletnia – wyjechały na studia. Jestem więc zupełnie sam i mam mnóstwo wolnych pokoi.
Słysząc to, komiwojażer odwrócił się i ruszył dalej.
Farmer krzyknął za nim:
– Hej, nie słyszał pan, co mówiłem?! Mam mnóstwo pokoi!
– Słyszałem – odparł komiwojażer. – Ale mam wrażenie, że jestem nie w tym dowcipie.

A teraz jeszcze supermetażart.

Niewidomy, lesbijka i żaba wchodzą do baru. Barman patrzy na nich i pyta:
– Co to? Żart?

Na koniec, niepoprawny politycznie dowcip. Tak jak metafilozofia wymaga od filozofów, by wiedzieli, co ogólnie uważa się za filozofię, tak metażarty wymagają ogólnej wiedzy na temat żartów – w tym przypadku żartu o Polakach*.

---

* Rodzaj amerykańskich żartów, gdzie Polacy traktowani są jako niezbyt rozgarnięci.

Pewien facet wchodzi do zatłoczonego baru i oznajmia, że zna świetny żart o Polakach. Jednak w tym momencie barman mówi:

– Czekaj, stary. Ja jestem Polakiem.

– Wobec tego będę opowiadał bardzo, bardzo wolno – odpowiada nowo przybyły.

Dimitri: Więc przez całe popołudnie rozmawialiśmy o filozofii, a ty nawet nie wiesz, czym ona jest?

Tasso: A dlaczego pytasz?

Podsumowanie – konkluzja

*Przekonujący i zrozumiały przegląd
tego wszystkiego, czego się dziś nauczyliśmy*

Tasso bierze mikrofon w klubie satyrycznym na Akropolu.

TASSO: Ale poważnie, ludzie… Znacie ten dowcip o brytyjskim empiryście, który powiedział żonie, że jest tylko zbiorem danych zmysłowych?

– Tak? – mruknęła. – Czy wiesz, co to znaczy spać codziennie z facetem, który nie ma *ding an sich*?

Nie żartuję. Byłem żonaty dziesięć lat, zanim zrozumiałem, że moja żona jest samą egzystencją bez esencji. Chodzi o to, że jej *esse* było samym *percipi*.

Co się z wami dzieje, ludzie? Tak tu cicho, że można by usłyszeć padające drzewo… nawet jeśli nie jest się w lesie! Schopenhauer przewidział takie wieczory.

– Mamy tu jakieś dzieci? Któregoś dnia syn poprosił mnie o kluczyki do samochodu, a ja mu powiedziałem:

– Wiesz, w najlepszym z możliwych światów będziesz miał swój samochód.

A on na to:
- Ależ, tato, to nie jest najlepszy z możliwych światów.
- Więc może przeprowadzisz się do matki?!

Tak swoją drogą, przydarzyła mi się śmieszna rzecz, kiedy tutaj szedłem. Udało mi się wejść do tej samej rzeki – i to **dwa** razy!

Hej, pewnego razu przychodzi Platon do doktora, trzymając żabę za łapkę. Doktor patrzy ze zdziwieniem na filozofa.
- Cóż mam powiedzieć? – zaczyna Platon. – W jaskini wyglądała znacznie lepiej.

Dimitri (z widowni): Zabrać go ze sceny.

WAŻNE WYDARZENIA
Z HISTORII FILOZOFII

530 p.n.e. Po osiemdziesiątym trzecim dniu spędzonym pod drzewem bodhi Budda uśmiecha się zagadkowo na wspomnienie dowcipu typu: „Puk-puk. Kto tam?".

Gautama Budda, 563–483 p.n.e.

Zenon z Elei, 490–425 p.n.e.
Sokrates, 469–399 p.n.e.

381 p.n.e. Platon widzi cienie na ścianie jaskini i uznaje, że oznacza to sześć dodatkowych tygodni zimy.

399 p.n.e. Sokrates pije cykutę z colą – mieszaną, nie wstrząśniętą.

Platon, 427–347 p.n.e.
Arystoteles, 384–322 p.n.e.
Stoicy, od IV w. p.n.e.

81 n.e. Recenzent „Gazety Aleksandryjskiej" uznaje neoplatonizm Hypatii za „babską literaturę".

Św. Augustyn, 354–430 n.e.
Hypatia, 370–415 n.e.

VI w. p.n.e.   **V** w. p.n.e.   **IV** w. p.n.e.   **IV** w. n.e.

1328 William Ockham jako wynalazca Gillette Mach 3.

William Ockham, 1285–1347

1504 Jakiś dowcipniś nakleja kartkę z napisem: „Spontaniczne odruchy dobra"* na powozie Machiavellego.

Niccolo Machiavelli, 1469–1527

* Ruch w Ameryce, starający się rozpowszechnić ideę wzajemnej życzliwości. Jego forpocztę w Polsce stanowiła książka M. Musierowicz, *Szósta klepka*.

1650 Kartezjusz przestaje na chwilę myśleć i umiera.

1652 Pascal jedzie na wyścigi w Longchamp, gdzie stawia wszystko na konia o imieniu Mon Dieu. I przegrywa.

Thomas Hobbes, 1588–1679
Kartezjusz, 1596–1650
Blaise Pascal, 1623–1662
Baruch Spinoza, 1623–1677
John Locke, 1632–1704
Gottfried W. von Leibniz, 1646–1716

XIV w.   **XVI** w.   **XVII** w.

1731 Biskup Berkeley spędza trzydzieści dni w zbiorniku, który odcina wszelkie bodźce zmysłowe, i wynurza się z niego niezmieniony.

1754 Immanuel Kant odbywa bezpośrednie spotkanie z *ding an sich*, ale twierdzi, że „nie może o tym mówić".

1792 Recenzent „Manchester Guardian" uznaje pracę „Potwierdzenie praw kobiet" Mary Wollstonecraft za „babską literaturę".

George Berkeley, 1685–1753
David Hume, 1711–1776
Jean-Jacques Rousseau, 1712–1778
Adam Smith, 1723–1790
Immanuel Kant, 1724–1804
Mary Wollstonecraft, 1759–1797

1818 Starsi bracia Chico, Groucho, Gummo, Harpo i Zeppo witają niemowlę Karola na świecie.

1844 Zmęczony tym, że ciągle nazywają go „Melancholijnym Duńczykiem", Kierkegaard próbuje zmienić obywatelstwo.

1900 Umiera Nietzsche; Bóg umiera pół roku później ze złamanym sercem.

Jeremy Bentham, 1748–1832
G.W.F. Hegel, 1770–1831
Arthur Schopenhauer, 1788–1860
John Stuart Mill, 1806–1873
Søren Kierkegaard 1813–1855
Karol Marks, 1818–1883
William James, 1842–1910
Fryderyk Nietzsche, 1844–1900
Edmund Husserl, 1859–1938

XVIII w. | **XIX** w.

1954 Jean-Paul Sartre porzuca filozofię, by zostać kelnerem.
1958 Recenzent „Le Mond" uznaje *Drugą płeć* Simone de Beauvoir za *littérature des chicks*.
1996 Chałturzenie w zawodowych zapasach WWE. Saul Kripke zyskuje oficjalny przydomek „Desygnator Sztywny".

Alfred North Whitehead, 1861–1947
Bertrand Russell, 1872–1970
Ludwig Wittgenstein, 1889–1951
Martin Heidegger, 1889–1976
Rudolf Carnap, 1891–1970
Gilbert Ryle, 1900–1976
Karl Popper, 1902–1994
Jean-Paul Sartre, 1905–1980
Simone de Beauvoir, 1908–1986
W.V.O. Quine, 1908–2000
John Austin, 1911–1960
Albert Camus, 1913–1960
Michel Foucault 1926–1984
Saul Kripke, 1940–
Peter Singer, 1946–

SŁOWNICZEK

A posteriori – wiedza wynikająca z doświadczenia lub empirii. By się przekonać, że niektóre rodzaje piwa mają dobry smak, ale nie są sycące, musimy doświadczyć (strzelić sobie) co najmniej jednego piwa, które ma dobry smak i nie jest sycące. Patrz przeciwstawne znaczenie: **a priori**.

Argument z regresji w nieskończoność – argument, że wytłumaczenie nie jest satysfakcjonujące, ponieważ wymaga nieskończenie wiele innych „wytłumaczeń". Na przykład wyjaśnienie, że świat miał stwórcę, rodzi pytanie o to, skąd się wziął. Jeśli więc weźmiemy kolejnego stwórcę, pojawi się pytanie: „Ale kto stworzył tego stwórcę?" i tak dalej *ad infinitum*. Albo wyrzygania, w zależności od tego, co pojawi się pierwsze.

Ding an sich – rzecz-sama-w-sobie, w odróżnieniu od zmysłowego przedstawienia rzeczy. Chodzi o to, że rzecz jest czymś więcej niż tylko sumą danych zmysłowych (to znaczy, tego jak wygląda, brzmi, smakuje, pachnie i jaka jest w dotyku) i że za nimi kryje się jakaś rzecz-sama-w-sobie.

Niektórzy filozofowie uważają, że jest ona równie realna jak jednorożce i Święty Mikołaj.

Egzystencjalizm – szkoła filozoficzna, która próbuje opisać warunki istnienia pojedynczych ludzi, a nie abstrakcyjne, powszechne ludzkie właściwości. Według Sartre'a, „egzystencja poprzedza esencję", co znaczy, że ludzie najpierw istnieją, a potem tworzą esencję tego istnienia. Ma to duże znaczenie dla egzystencjalistycznej etyki, która nakłania nas do „autentycznego" i w pełni świadomego własnej śmiertelności życia. Nie powinniśmy się oszukiwać, jeśli idzie o kwestię naszych wyborów. Krótko mówiąc, proponuje takie życie, które najlepiej prowadzi się przy kawiarnianym stoliku w Paryżu, a nie, powiedzmy, przy taśmie produkcyjnej Forda w Detroit.

Emotywizm – pogląd etyczny, który mówi, że sądy moralne nie są prawdziwe lub fałszywe, ale tylko wyrażają naszą akceptację lub jej brak w stosunku do jakichś działań lub osoby, która je podejmuje. Według emotywistów, sąd typu: „Saddam jest zły" znaczy tyle, co: „Saddam to nie moja broszka. Sam nie wiem, nigdy za nim nie przepadałem".

Empiryzm – pogląd, że doświadczenia, a zwłaszcza zmysłowe, są głównym, lub jedynym, sposobem zdobywania wiedzy. „Skąd wiesz, że jednorożce istnieją?" „Bo widziałem jakiegoś w ogrodzie!" To już tak zwany empiryzm ekstremalny. Przeciwstawne znaczenie: **racjonalizm**.

Esencjalizm – pogląd, że rzeczy mają esencję (istotę) albo esencjalne właściwości, które można odróżnić od tych ich własności, które nie stanowią ich esencji. Na przykład istotną cechą żonatego mężczyzny jest to, że ma żonę (nawet gdyby miał nią być inny mężczyzna). Ale to, że żonaty mężczyzna nosi obrączkę, jest tylko akcydentalne (przypadkowe). Mężczyzna bez obrączki wciąż pozostaje żonaty, chociaż jego żona może mieć inny pogląd na tę sprawę.

Etyka deontologiczna – etyka oparta na teorii, że powinności moralne wynikają z obowiązku (od greckiego słowa *deon*), niezależnie od praktycznych konsekwencji naszych działań. Na przykład polityk, który uważa, że jego najważniejszym obowiązkiem jest chronienie społeczeństwa przed atakami terrorystycznymi, może twierdzić, że by spełnić ten obowiązek, musi umieścić mikrofony w sypialniach wszystkich obywateli, niezależnie od tego, jak się to odbije na ich życiu seksualnym.

Fenomenologia – metoda badawcza, która stara się opisać rzeczywistość tak, jak ją odbiera i rozumie ludzka świadomość, w odróżnieniu od na przykład opisu naukowego. Fenomenologia opisuje na przykład zjawisko „przeżywanego czasu" albo czasu przez nas doświadczanego w odróżnieniu od czasu zegarowego. Kiedy w filmie *Manhattan* Woody Allen mówi: „Prawie wcale się nie kochamy – tylko dwa razy w tygodniu", wyraża ideę „przeżywanego czasu". Podobnie jego filmowa żona, która replikuje: „Ty ciągle chcesz się kochać – aż dwa razy w tygodniu!".

Fenomeny – rzeczy takie, jakimi je odbieramy. Zdanie: „Ten kapelusz jest czerwony" odwołuje się do naszego zmysłowego odbioru rzeczy, która wydaje się kapeluszowata i czerwona. Wyrażenie: „Ojej, twój czerwony kapelusz jest fenomenalny!" może być tylko zmyłką. Znaczenie przeciwstawne: **noumeny**.

Filozofia zwykłego języka (filozofia lingwistyczna) – ruch filozoficzny, który dąży do uzyskania wyjaśnień natury filozoficznej poprzez analizę zastosowań zwykłego języka. Według filozofów zwykłego języka, wiele pytań, od tysiącleci trapiących filozofów, trapi ich tylko z powodu dwuznaczności i błędów logicznych zawartych w samych tych pytaniach. Oznaczało to koniec epoki wielkich strapień.

Koan – w buddyzmie zen zagadka, która ma u nas wywołać nagłe olśnienie. Na przykład pytanie: „Jak brzmi klaśnięcie jedną ręką?" jest koanem, a „Jak brzmi klaśnięcie dwóch rąk?" już nie. Patrz *satori*.

Logika dedukcyjna – dochodzenie do stwierdzenia na podstawie przesłanek, które można z niego logicznie wyprowadzić. Jej najbardziej podstawową formę stanowi sylogizm, na przykład: „Wszyscy komicy to filozofowie; Larry, Moe i Curly są komikami, dlatego Larry, Moe i Curly są filozofami". Przeciwstawne znaczenie: **logika indukcyjna**.

Logika indukcyjna – rozumowanie wychodzące od poszczególnych przesłanek i prowadzące zgodnie z prawami logiki do ogólnej konkluzji. Na przykład nasze obserwacje dotyczące słońca, które wzeszło dziś, wczoraj, a także we wszystkie pozostałe dni, które pamiętamy, prowadzi do konkluzji, że słońce zawsze wschodzi i że wejdzie w kolejne dni, chociaż nie można tego logicznie wyprowadzić ze znanych przesłanek. Zauważmy, że ten przykład nie dotyczy naszych czytelników na biegunie północnym. Przeciwstawne znaczenie: **logika dedukcyjna**.

Nadrzędny imperatyw kategoryczny – najważniejsza zasada moralna Immanuela Kanta, która mówi, że należy działać według takiej zasady, dla której by się zarazem chciało, by stała się prawem powszechnym. Przypomina to złotą zasadę w różnych wydaniach, ale nie do końca.

Noumeny – rzeczy takie, jakie są same w sobie, w odróżnieniu od tego, jakie wydają się naszym zmysłom. Patrz *ding an sich*... tyle że jest to oczywiście niemożliwe. Znaczenie przeciwstawne: **fenomeny**.

Paradoks – a) rozumowanie, korzystające z pozornie poprawnej logiki i pozornie prawdziwych przesłanek, które prowadzą do sprzeczności i b) dwóch dowolnych lekarzy.

Post hoc ergo propter hoc – błąd logiczny, który znaczy dosłownie: „Po tym, a więc dlatego", czyli jeśli A poprzedza B, to B musi wynikać z A. Książka *Freakonomics* pokazuje wiele takich błędów, zwłaszcza jeśli idzie o wychowanie dzieci. Choćby „Mój syn jest taki mądry, bo grałam mu Mozarta, kiedy był jeszcze embrionem", chociaż tak naprawdę między dwoma tymi faktami nie zachodzi logiczny związek. Możliwe, że chłopak jest tak mądry, bo miał rodziców, którzy wiedzieli coś o Mozarcie (więc mieli porządne wykształcenie).

Pragmatyzm – szkoła filozoficzna, która podkreśla związek między teorią a praktyką. Na przykład William James definiuje prawdziwą teorię jako użyteczną lub taką, która owocuje wiedzą. Niektórzy uważają teorię Jamesa za użyteczną, inni nie.

Prawo niesprzeczności – zasada logiki Arystotelesowskiej, która mówi, że coś nie może być jednocześnie A i nie-A. Na przykład stwierdzenie: „Twoje spodnie się palą i się nie palą" jest sprzeczne. (W wypadku, gdyby prawo Arystotelesa jednak nie działało, nie zaszkodzi polać ich wodą.)

Racjonalizm – pogląd, że rozum jest nadrzędnym, albo jedynym, źródłem wiedzy. Często porównuje się go z empiryzmem, który podkreśla znaczenie danych zmysłowych w zdobywaniu wiedzy. Tradycyjni racjonaliści woleli rozum, gdyż zmysły wydawały im się zawodne, a wiedza na nich oparta niepewna. Woleli więc prostą p e w n o ś ć stwierdzeń, takich jak: „Nasz świat jest najlepszym z możliwych światów". Trzeba go poznać...

Satori – w buddyzmie zen oświecenie, które pozwala zobaczyć prawdziwą naturę świata i nas samych. Że zacytujemy Red Hot Chili Peppers: „Jeśli musisz pytać, nigdy się nie dowiesz".

Sąd analityczny – sąd, który z definicji jest prawdziwy. Na przykład stwierdzenie: „Wszystkie kaczki są ptakami" jest analityczne, ponieważ część znaczenia słowa „kaczka" dotyczy przynależności do rodziny ptaków. Jednak z drugiej strony, stwierdzenie: „Wszystkie ptaki są kaczkami" nie jest analityczne, ponieważ kaczkowatość nie stanowi części definicji ptaka. Oczywiście zdania: „Wszystkie kaczki są kaczkami" i „Wszystkie ptaki są ptakami" są w równym stopniu analityczne. Serce rośnie, gdy się widzi, że filozofia może pomóc innym dyscyplinom nauki, takim jak na przykład ornitologia. Patrz przeciwstawne znaczenie: **sąd syntetyczny**.

Sąd syntetyczny – sąd, który nie jest z definicji prawdziwy. Na przykład stwierdzenie: "Twoja matka nosi wojskowe buty" jest sądem syntetycznym, gdyż zawiera znaczenia nieobecne w definicji terminu "twoja matka". Znaczenie przeciwstawne: **sąd analityczny**.

Telos – wewnętrzny cel. *Telos* żołędzia to dąb. Podobnie, *telos* absolwenta filozofii to profesura na Harvardzie. Jest to jego lub jej wewnętrzny cel, chociaż oboje mają większe szanse na pracę w Tesco.

Utylitaryzm – pogląd etyczny, który mówi, że działania słuszne to takie, które dają więcej dobrych skutków niż wszystkie pozostałe. Ograniczenia związane z tą filozofią stają się oczywiste, kiedy próbujemy zadowolić zarówno naszą matkę, jak i teściową na Wigilię.

PODZIĘKOWANIA

Nie znamy nikogo poza nami samymi, kto chciałby wziąć na siebie odpowiedzialność za pomysł tej książki, pragniemy jednak podziękować żartownisiom, którzy podzielili się z nami swoimi najlepszymi dowcipami: Gil Eisner i Herbowi Kleinowi.

Podziękowania należą się również naszemu profesorowi Robertowi Wolffowi z Harvardu, który (w pewnym sensie) nauczył nas filozofii.

Doskonali fotograficy: Bill Hughes i Stefan Billups sprawili, że wyglądamy mądrzej i ładniej niż w rzeczywistości.

Dziękujemy też Marcie Harrington i Satchowi Lampronowi, właścicielom baru Nestle Inn w Conway, w stanie Massachusetts, którzy wykazali dużą tolerancyjność, kiedy kończyliśmy tę książkę.

Oczywiście powinniśmy też podziękować wylewnie naszym żonom i córkom. Wiecie, ile dla nas znaczycie. A jeśli nie, to dziękujemy: Eloise i Freke, Esther i Samarze (które zrobiły dla nas więcej, niż to należy do córek).

Szczególnie pragniemy też podziękować Julii Lord z Julia Lord Literary Management, naszej agentce, osobie niezwykle inteligentnej i dowcipnej, nie mówiąc już o cierpliwości.

Chylimy też czoła przed naszym wydawcą Ann Treistman, która niezłomnie namawiała nas do poprawiania książki wbrew nam samym.

Od początku patronował też tej pracy wiceprezes i wydawca Abrams Image, David Rosen, któremu kłaniamy się nisko. Bardzo dziękujemy, Davidzie.

W końcu chcemy z opóźnieniem przeprosić Immanuela Kanta za to, że nigdy tak naprawdę go nie zrozumieliśmy. Wiemy, co czujesz, stary.

TWC I DMK

SPIS TREŚCI

Filożarty 7

I	Metafizyka	13
II	Logika	33
III	Epistemologia	59
IV	Etyka	85
V	Filozofia religii	105
VI	Egzystencjalizm	123
VII	Filozofia języka	135
VIII	Filozofia społeczna i polityczna	153
IX	Względność	179
X	Metafilozofia	189

Podsumowanie – konkluzja 195

Ważne wydarzenia z historii filozofii 197

Słowniczek 201

Podziękowania 209